论失业与就业

[英] 阿瑟 · C.庇古（Pigou）___著

赵彦锋___译

The Theory of the Leisure Class

地震出版社

Seismological Press

图书在版编目（CIP）数据

论失业与就业 /（英）庇古著；赵彦锋译 . -- 北京：地震出版社，2021.6

ISBN 978-7-5028-5300-6

Ⅰ . ①论… Ⅱ . ①庇… ②赵… Ⅲ . ①失业—问题—研究 Ⅳ . ① C913.2

中国版本图书馆 CIP 数据核字 (2021) 第 075983 号

地震版 XM4637/C（6062）

论失业与就业

［英］庇古 著

赵彦锋 译

责任编辑：王亚明

责任校对：李肖寅

出版发行：地震出版社

北京市海淀区民族大学南路 9 号　　邮编：100081

发行部：68423031　68467991　　传真：68467991

总编室：68462709　68423029

证券图书事业部：68426052

http：//seismologicalpress. com

E-mail：zqbj68426052@ 163. com

经销：全国各地新华书店

印刷：北京彩虹伟业印刷有限公司

版（印）次：2021 年 6 月第一版　2021 年 6 月第一次印刷

开本：710 × 960　1/16

字数：175 千字

印张：9.25

书号：ISBN 978-7-5028-5300-6

定价：42.00 元

出版说明

本书作者为英国著名经济学家、剑桥学派的主要代表人物阿瑟·塞西尔·庇古（Arthur Cecilv Pigou，1877—1959）。他是福利经济学的鼻祖，因提倡对因外部性的活动造成生产成本增加的部分给予补贴（庇古税）而享誉后世，被称为“福利经济学之父”。

本书是庇古的代表作之一，在西方经济学体系中占有重要地位。在书中，庇古从失业的定义出发，探寻了限制失业量的五种举措，以及缓解失业所导致恶果的两种手段。此外，他还运用逻辑学的“合成谬误”原理，驳斥了在发达国家中流行的“外来人员和犯人劳动抢走了本国人民工作”的片面论调。庇古在书中提出了“自愿失业”的概念。自愿失业是指工人由于不接受现行的工资或比现行工资稍低的工资而出现的失业现象。这个概念掩盖了资本主义的矛盾，把失业的责任归于工人自身。尽管存在一些问题，但是瑕不掩瑜，本书从严谨的理论出发，针对“非自愿失业”引起的就业问题，提出多种缓解失业问题的举措，以及减轻失业负效应的手段，实操性很强，具有很高的学习、研究价值。因此，基于研究与教学的目的，我们翻译并出版了本书，供读者参考之用。本译本保留了作品原貌，并附加大量译注和插图，便于读者阅读理解。就像上面指出的，由于时代所限，作者的观点具有一定的局限性，读者在阅读时应取其精华、去其糟粕，用书中有用的知识来丰富自己的学识。

译者前言

请思考以下问题：

社会为什么救济失业者？是出于爱心还是道德义务？政府干预到什么程度是恰当的且不影响市场效率？

我直接说结论了——从道德角度并不能合理地解释政府与社会对就业与失业问题的救济与干预，17世纪英国的《济贫法》做不到，亚当·斯密得出的“看不见的手”也做不到；直到20世纪30年代，有人写了一本书，第一次从经济学角度把政府干预就业的正当性说清楚了——这个人就是阿瑟·塞西尔·庇古，这本书就是我们现在看到的《论失业与就业》。

在经济学的历史上，庇古是较早研究失业与就业问题的经济学家之一，他提出了很多创造性的概念。1936年，凯恩斯在他的《就业、利息和货币通论》一书中，曾对庇古的失业理论做过专门的研究。随后，在20世纪30年代末和40年代，庇古与凯恩斯还曾就就业与工资问题进行了一次著名的论战，影响了整个西方经济学界，至今这两种不同观点的分歧仍然存在，感兴趣的读者不妨了解一下。

失业与就业问题可以说是工业化发展中绕不开的话题，历史上失业现象虽然一直存在，但最初集中爆发于19世纪末20世纪初，恰逢工业文明向纵深方向发展、是人类由蒸汽时代迈入电气时代、资本主义由自由竞争向垄断发展的时期，当时，失业与就业问题成了西方社会的重大问题，因为工人失业问题日趋严重，经济危机出现的时间间隔越来越短，这严重地制约了资本主义社会经济的发展。

19世纪，以蒸汽和电力为动力的蒸汽机、蒸汽船将人类的生活彻底改变。绘于1876年。

到了19世纪30年代，庇古作为一个破局的关键人物出现了。庇古生于英国的一个军人家庭，他是家中的长子，年轻时进入剑桥大学学习，最初学的专业是历史，但是受到马歇尔的影响，又转去学习经济学。他是经济学史上极独特的人物之一，在他的学术生涯中，早期他是一个快乐的、喜欢社交的单身汉，31岁时就担任英国伦敦大学杰文斯纪念讲座讲师和剑桥大学经济学讲座教授（他是剑桥大学有史以来担任这个职务最年轻的教授），而到后期，他变成一个怪异的隐士，第一次世界大战对他的性格造成了很大的影响。在那段时间，他利用大部分的假期时间到法国、比利时和意大利的战争前线参加志愿急救工作。一个学生在后来描绘庇古时说：他高而挺拔，着装怪异，偶尔会在乡间漫步，或者斜靠在英王学院草地上的帆布椅上。为了表示对希特勒的蔑视，在纳粹空袭的时候，他一直坐在帆布椅上。在剑桥，庇古任期长达35年，一直到1943年才退休。退休后，他仍留在剑桥大学从事著述研究工作。另外，他还担任了英国皇家科学院院士、国际经济学会名誉会长、英国通货外汇委员会委员和所得税委员会委员等职。

也可能是战争带来的冲击，使庇古很早就认识到了社会和经济问题之间的密切关系。他意识到失业问题其实是资本主义制度固有的顽疾，将贯穿于资本主义发展的各个阶段。对企业主来说，失业现象让其可以用压低工资的办法获得所需的劳动力，以扩大剩余价值，但是对劳动力和整个社会来说，失业问题会加重社会矛盾，产生巨大的负面效应。因此，庇古提出“自愿失业”[①]和“摩擦失业”[②]两种失业理论。在他看来，“劳动力的需求方和供给方决定了有劳动能力的人‘要不要’和‘能不能’就业”。从劳动者方面讲，如果他在生产中能为雇佣他的企业主创造出巨大的利益，或者至少与他应得到的工资等同的利益，他就会被雇佣；反之，则不会被雇佣。而从供给方（或者单指企业主）方面讲，只有当劳动者通过工作能够弥补其劳动的负效应时，他才会去工作。所以庇古才会说：“在某种制度下，私人工业在需求突增的时期，如果能得到这一批人，就可以使正常工人需求量的变动减少。……如果在繁荣时期他们被禁止出来工作，那么变动多的工业就必须维持较多的后备劳工，以备繁荣时期雇佣。”也就是说，庇古建议企业主在萧条时期不必为了缩减开支、节约成本而大面积地解雇工人，这会导致在繁荣时期到来时企业主因缺乏足够的劳工而影响利润的获取。

具体来讲，我们将其就业理论概括为五条应对建议[③]：

（一）调控工资率，使工资率与自由竞争相协调；

（二）实行弹性工资率，使富有弹性的工资率围绕平均数上下波动；

（三）劳工需求量与平均失业量之间成正比例关系，即前者愈多，后者愈大；

（四）主张建立全国互联职介系统，充分发挥职介机构的媒介和实际雇工作用；

（五）主张政府加强宏观调控，教育和合理引导工人流动。

最后，通过对本书作者思想脉络的梳理，我们可以看到，尽管庇古对于失业与就业问题的认识具有局限性——他只是从现象出发论述现象，并没有找到导致失业问题的根本原因，但他还是提出了许多富有实操价值的理论观点。比如，他谈到失业问题有显性和隐性之分，再比如他谈到了弹性工资率与平均数之间的关系对就业的影响，

① 自愿失业诱发的原因很多、很复杂，学术界目前还没有统一的、完整的定义。——译者注。

② 摩擦失业，指人们在寻找工作或转换工作过程中的失业现象（或者说，是指劳动者想要工作与得到工作之间的时间消耗造成的失业）。——译者注。

1907—1908年的经济大萧条对人类社会造成大范围的困难，这些衣冠楚楚的男人正在包厘街一家为失业者提供免费咖啡的机构的排队。摄于1908年。

主张建立全国的职介互联系统（相当于现在的信息系统，说明其有远见卓识），还主张政府加强宏观调控，引导工人合理流动，等等。

近些年来，就业问题像环境问题一样成为全球性焦点、热点、难点问题，而2020年的新冠肺炎疫情又给就业问题带来更大的压力。我们必须认识到，就业问题会带来多重的社会负效应，包括失业者的收入变化、消费水平变化、劳动能力下降及其他多种不可预测的负面影响等。因此，重读庇古的《论失业与就业》，或许能给我们以更多的启示。

目　录
CONTENTS

目 录

CONTENTS

第一章

绪　论

或许有人认为，经济学家对明显的社会流弊的态度过于迂腐且不切实际。人类不断变化的愿景会被许多情形引发的说不尽的千万种痛苦摧残殆尽。然而就他们自身而言，这些情形只是一个主题，能让他们做出一些富有创见的论文，或者只是一些理由，可以让他们引出许多令人难以理解的公式。显然，这种看法是错误的。迫使人们从事经济研究的动机，并不是对于财富巨轮的运转产生的学术和科学方面的兴趣，而是这样一种意识：劳动界与实业界的公平产生了偏差，致使男人、妇女和儿童总是蹒跚地坠入深渊，这个深渊原本是可以防范的。但实际上大部分人的生活比应有的情形更加黯淡。

西方国家素以财富繁荣自诩，如今却只残存一朵行将凋零的幸福之花。以上各种情形就是经济研究的动机。经济学家研究的目标就是消除或至少减轻上述流弊。在他们梦寐以求的理想境界中，在他们热情而坚定地注视事物时（但愿如此），没有人能让他们不注意市场上激烈的演说家。

经济学家和缺乏耐心的实际慈善家的区别，不在精神方面，而是集中表现在工作方法方面。在他们看来，任何现代国家的经济生活的各个方面都是密切相关的，这是许多人的杰出思想得出的结论。因此，可以说，如果只处理从某一观点出发看到的某一特殊流弊，往往就会随之在其他方面引发严重但表象并不明显的问题。它们能抵消任何直接的利益。只有彻底而全面地研究经济生活，并把这种研究作为社会改革的基础，我们才能拟定避免出现这种巨大危险的社会改革措施。而只有以“科学”为基础，才能使社会改革的“艺术”产生实际的效果。经济学家力求为实际工作做出的贡献，就是在提供这种基础。也许他们是基于感情才努力的，但这种行为本身必然处在理性范围内。我们必须控制在观察流弊时产生的愤怒情绪，否则就会妨碍我们进行科学分析时的严密性。无论多么诚挚的同情心，也无论多么真切的悲悯心，这些都必须无情地加以驱除，因为这些都是干扰。我们被这些感情召唤，从而受到感动并进入科学的殿堂，却将感情拒之门外，让它们在外面等候我们出来。

本书是经济学家的著作，它力求冷静、客观地进行科学分析。这说明了书中的格调，另外一个条件则决定了叙述的形式。本书是对公众的出版物，而公众中的大部分人对经济分析并不熟悉。为此，我极力避免使用专有名词，并在讨论时采用一

纽约三一教堂附近的童工。刘易斯·威克斯·海恩摄于1924年7月。

般人都能理解的语言和方式。不过，由于失业问题的性质非常复杂，对那些不习惯为这些事做严密推理的人而言，某些部分的讨论依然难以理解。同时，因为经济生活的各个方面联系密切，所以某些部分可能初看起来会让人有偏离原题之感。对于这种理解上的障碍，作者是无力全部避免的。然而对一个细心的读者而言，这些是很容易克服的。

在本书中，避免使用过多经济学的专有名词非常有好处，然而如果连科学方法都抛却的话，就完全破坏了它的价值，因此我绝不改变这种方法。关于定义和衡量的问题将在下一章进行初步讨论，这种讨论必然是相当冗长的，也是不可或缺的。

第二章

关于失业问题的意义与衡量

谈到就业这一概念时，我们必先了解失业这一概念。它们就像孪生兄弟，几乎同时出现。有人就业就必定有人失业，有人失业就必定要寻求就业。对于失业这一常用名词，世人都能理解它的一般意义，但很难做出精确的定义。比如，是否应将不愿工作而赋闲的人包含在失业者之内呢？又如，病人、罢工工人以及由于某种原因“不能被雇佣的人”，是否也应当被包含在内呢？我们对这些问题做出判断时，必然带有某种武断性。但这并不牵扯原理问题，只涉及在哪种严格的意义上使某个最普通的词得到最方便的运用。因此，我们的定义可能只需服从以下两个条件：

（1）目前在我们进行观察时，该定义必须是一个有用的工具；

（2）它要尽量符合一般用法中的普遍含义。

现在，我们必须遵守这两个标准的指导，依此来寻找这种定义。

最初我们可以规定：“失业”一词只限于“领取工资的工作”这一范围。如果失业的范围包括自由职业者、企业主和薪金阶级，那便同一般用法截然相反了。同时，这也不方便我们探讨目前的问题。从事工作的人，要么出于自愿，要么迫不得已而常常没有工作。因此，所谓的失业其实就是“工资阶级的失业”，同时，也是与工资劳动有关的各个不同阶级的人的失业。

工资劳动者如果有一份户分地（相当于自留地），即使他从事一般职业时被解雇，也能在这份户分地上工作，或者从事木刻及其他家庭工业活动，但他并不会因此而被刨除在失业问题范围以外。当然，这类人失去工作后产生的失业效果，不同于其他非工资职业的人失业后的效果，因为它们分别具有一定的实际意义。但为了方便研究和符合一般的用法，都应规定：无论在工资劳动方面失业的劳动者从事什么工作，都应被纳入失业者之列。因此，只有工资劳动者才能被称为失业的人。同时，他们必须是在工资劳动方面失业，才能被称为“失业”。

不过，即使承认了这一点，我们仍不能对失业问题直接下定义。显然，工资劳动者的一切闲歇情形并不能被“失业”全都包括在内。它只能包括“在当时的情形下，工资劳动者本身认为是‘非自愿的闲歇’”。由此可见，年龄太大、残疾或因暂时患有疾病而确定无法从事工资劳动的人的闲歇，也不应被包括在失业范围内。另外，某些出于自愿而非不得已的闲歇，也不应算作失业。劳动者每天并非24小时都在工作，而只工作8个、10个或12个小时，其余时间都是闲歇的，应称之为就业而不能算作失业。同时，在流浪阶层中大多数人竭力逃避工作，他们的闲歇也不能算作失业。最后，工人由于罢工和闭厂拒工的"闲散"行为而失去工作的，也不能算作失业。

初看起来，因自愿"闲歇"而不在失业范围内的人与失业者之间有着明显的分界线。但细想一下，我们就能马上发现这种粗略的说法有严重的缺点。这是因为，一个人究竟愿意工作还是愿意闲歇，其要求的工作量在自愿工作时是多少，对于这些问题，我们无法做出绝对的答复，这些是由作为工作报酬的工资率决定的，因此必须有更精确的定义。可以说，假定每一工时的工作效率是一定的，那么某一工业中的失业量就可用"属于"或"受雇于"该工业的人的受雇时间，与这些人在当时的工资和雇佣条件下愿意从事工作的时间的差数进行衡量。但拟定出这种工资率和条件的严格定义是相当困难的。然而，《英国国家保险法案》的拟定者成功地提出了这种定义。

按这一法案的观点，在一个人希望就业而在下列三种地区无法就业的情况下，失业就会发生：

（1）第一种地区，未因劳资纠纷发生停工、关厂情形的地区；

（2）第二种地区，他最后经常被雇佣的地区（在该地区，他的工资和生活条件不低于其在该地区通常受雇时所得到的工资和生活条件，或不低于其愿意继续像以往那样被雇佣时所得的工资和收益）；

（3）第三种地区，在其他工资与生活条件不低于一般劳资协议所能得到的工资与生活条件的地区（如果该地区没有协议，则是不低于该地区良好的雇主所认可的工资与生活条件）。[①]

应该引起重视的是，失业和工作量在这种意义下并不具有稳定的关系，这种关系甚至在某一工业中，即便正常工日的长短已知时也不存在。原因在于，在任一时间段，少量失业与少量超时工作、大量失业与大量超时工作互相抵消的情况，总是可能在同一工作总量中发生。无法否认，这种情形与我们的定义会有一些出入，而这是无法避免的。

上面得到的结论有一个优势，那就是相当严格。通过这一讨论的总体过程，我们可以看出，它的另一个优势是极大地便利了我们探讨。但有一点必须清楚：在我们决定采用的定义和这个词语的一般用法之间有一个重要区别，即按照一般的说法，失业和缩短工时以及每周减少工作日等情形常常被对立起来，可在我们的定义中，这种

① 参看《英王致议会命令》第5991条。

情形仅是部分失业或特殊形式的失业。如果我们在保持失业和缩短工时等的一般含义的同时，用“非自愿闲歇”这样一个新名词来表示这两种情形，就可以避免和一般用法产生分歧了。从整个情形看，反对这种做法的理由似乎比反对我们采用这种方法的理由更充分些。无疑，某些读者会采取前一种说法，但这终究仅仅是一个语句问题罢了。只要人们清楚地认识到本书所用的失业包括缩短工时和一般人所理解的失业现象，就不可能产生误解。

解决了定义问题，我们就可以转向本章要讨论的另一个问题，即：在现代国家，究竟可以在多大程度上对所流行的失业、就业问题做出可靠的衡量？这种衡量又有哪些用处？显然，不同的国家，对这一问题的答复不同。其情形决定了可取得的统计资料的性质。我们马上可以得出结论：这种资料是极不完整和极不全面的。其实，根本没有一种可以让我们对两个国家的失业量加以比较的情形存在。我们无须进一步对外国统计资料加以阐述，这不属于本书的范围。但就英国来说，值得仔细地讨论一下失业、就业的衡量问题。

从《英国国家保险法案》中我们可获得有关建筑业和机械制造业的新材料，目前[①]这两个行业中都强制实行失业保险制度。一旦解决了这两个行业中在各部分的划分问题方面存在的某些困难，这种新材料直接用于就业问题，还是用来核对其他统计资料，都具有重大的意义[②]。遗憾的是，目前时机尚未成熟，因此，无论是研究这项资料，还是研究保险法案第一章中的间接推论资料，都没有多大用处。所以，在这里我们无需加以讨论。我们的主要资料，除了这些新材料，就只有以下两类数字：

（1）在萧条时期，主要采用缩短工时方法时的某些工业的数字；

（2）主要采用解雇工人方法时某些工业的数字。

在缩短工时方法被采用的工业中，煤矿工业和钢铁工业的各部门都提供了统计资料。大多数企业主填报的资料——上工工人的工作日数、开工的炉数及工作的班数，都被呈报到了商务部；一些宁愿解雇工人而不愿缩短工时的行业，如机器制造业、造船业、刀剑制造业、印刷业、订书业、木工业、建筑业等，大部分也都提供了统计资料。在这些行业，每月月终领取失业救济金的工会会员数目的回报资料，也一并呈报给了商务部。这就意味着，他们的闲歇并不是由疾病或劳资纠纷引发的[③]。初看起来，这两类数字都能为就业问题提供参考和衡量的尺度，因为这一名词在有关的工业

① 本书初次出版于1914年，全书中如无特殊表述，类似的时间表述均指该时。

② 参看《国家保险法案工作报告》第Ⅰ号第Ⅱ部全部。

③ 因病脱离工作的人，也被包括在法国工会方面的失业数字中。法国失业人数统计数字和联合王国统计数字做比较时，这一点是在财政和其他方面引起争论的问题之一。

饥饿的游行者在华盛顿特区要求现金救济和失业保险。摄于1931年。

范围内已经做出定义。但是在评论这些数字的意义与重要性之前，有几个重要的问题必须提出来，并在实际可行的范围内进行解答。

第一个问题是，在任一时间段，这些数字对直接说明的几种工人中发生的失业量到底有多大的正确衡量作用。对于煤矿等方面的工作日数来说，从企业主方面搜集的数字非常清楚。如果抛开笔误，对于提供回报资料的企业主所雇佣的工作，这些数字可以提供正确的衡量。但是精确的失业数字无法从雇佣量上推论出来。这是因为属于该工业并准备充分的人，若不能获得这种工作，就可能发生其他变化，而这种变化没有记录下来。表面上看，来自工会方面的数字应该比较可靠，即使这种数字有可能存在几种错误的来源。

主要来源是，工会的百分数所指的只是领取失业救济金的人，但许多失业的人往往没有领取失业救济金，包括以下这些人：懒于领取的人、失业时间太短的人、因失业时间太长而没有权利领取救济金的人。与其他国家相比，在英国发生这种误差的机

华沙古城照片。华沙古城是华沙最古老的地方，也是波兰首都最有特色的景点之一。1930年，波兰海军建立了“波兰海事与殖民地联盟”，在其纲领中明文加入“为波浪争取殖民地”这一条。

会更少。比如，在德国，发放失业救济金的期限一般在10个星期以下，90%的工会都是如此。但在英国，发放失业救济金的期限这样短的工会仅有11%。同时，德国工会在失业7～15天以后才发放失业救济金，英国却在失业以后2～6天就开始发放①。此外，英国工会的劳动部还会在某种程度上，根据外部资料校正失业救济金已终止的人的数字。整体看来，从企业主方面搜集的矿工工作日数和钢铁厂的工作班数，似乎并不能为这两方面发生的失业现象提供可靠的材料。但是我们根据从工会方面搜集的统计数字能明显看出，在其他工业部门中，工会对其直接说明的几种工人的数据相当满意。

由此，我们可以进一步谈第二个问题。假如一个工会提供的失业百分比能把该工会真正的失业量相当准确地衡量出来，它是否就能把其所属行业中的真正失业量很好地衡量出来呢？在该问题上，存在一个最明显的困难：大多数工业中的工人中，只有

① 参看《英王致议会命令》第4032条中的《关于德国城市生费用的报告》。

少数人参加工会。据商务部估计，英国全国受雇佣的工人中参加工会的比例，在矿业和采石场只有70%，在建筑业方面只有20%，在冶金业、机械制造业和造船业中只有25%，在纺织业中只有50%，在成衣业中只有20%，在铁路方面只有25%[①]，在其他工业和农业方面情况更差。既然存在这样的情形，那么某一工业中工会会员的失业百分数到底能在多大程度上对非会员方面的问题进行说明，就无法确定了。一方面，有一个有力的组织会帮助失去工作后的工会会员找到工作；另一方面，工会会员缺少了一种自由，那就是，非工会会员可以接受低于"标准"工资率的工作的自由。目前，我们还无法肯定这种互相冲突的趋势会有何种结果，但就《英国失业保险法案》的第一个工作报告提供的材料而言，我们有理由认为工会的数字基本能代表各工会所属的全部行业。通过对工会会员和实行强制保险行业中的非工会会员的失业数字进行研究，彼得·威利先生得出这样的结论："关于非工会会员和工会会员的失业比例，并无任何材料足以说明两者间存在任何重大的差别。"[②]

遵从上述条件做出修正后，如果认为，提交回报资料的行业中的工会数字能对该行业中的失业问题提供相当准确的量度，那么我们就要提出第三个问题：那些综合起来的工会数字，到底会对提交回报资料的行业的总结情况提供怎样准确的量度呢？这就牵涉到一个重要的问题。英国在制定通常使用的综合数字时，对任何工业中提出的失业百分比给予的"权数"或重视程度，是按该工业中提交回报资料的人数的比例来确定的。由于估计有可能失业的人在失业救济金方面所做的安排，比估计不可能失业的人要多得多，因此，相对于雇工人数而言，稳定的工业中提交回报资料的人数比变化较多的工业（如建筑业、造船业）中要少。英国官方平均数字其实是偏于夸大有工会回报资料的全部工业的失业人数百分比的。

如果我们在对各种工业报告的失业人数百分比进行研究时，不根据提供回报资料的人数的比例加权，而根据人口调查员发现在该工业中受雇的人数的比例加权，那么我们就更容易得出正确的结论。这样的改变会出现很大的差别。在1895年送交回报资料的人数中，冶金工业工人占46%，建筑业和家具业工人占21%，印刷业工人占19%，煤矿业工人占10%，纺织业工人占3%，其他行业工人占1%。H. 列维宁·斯密斯爵士证实，某次为了测验，在根据人口调查数字进行加权后，他就把得出的百分比由7%减到4.2%[③]。同样，彼得·威利先生在根据回报资料的比例加权后发现，1893年的失业

① 参看《皇家济贫法委员会报告》附录第9卷。

② 《英王致议会命令》第6965条。

③ 《"失业问题委员会"第3次报告》第4564条。

荷兰人简·德·瓦尔德作于1899年的水彩画作《工作》。画中描绘的是两个强壮的搬运工在海堤上推着轮桶干活，站在旁边的是一位穿着骑马服的瘦绅士。

人数百分比大于1904年，而根据人口调查数字，只有减小1893年仅限于造船工人和机械工人的失业现象的加权数，才能使1893年的失业人数百分比小于1904年[1]的失业人数百分比。因此，若要将英国官方数字作为指数来说明提供回报资料的各行业的总失业情况，就必须对其加以分析。

纵然对提供回报资料的各行业的失业问题我们已取得充分的衡量，但我们还要考虑：对于全国的失业问题，这个数字是否能提供一个真实的描述？对于无法取得回报资料的行业，我们可以划分为两大类：一类是特别稳定的技术职业，如铁路服务业等；另一类是非技术职业中的广大工人。前一类职业中，失业保险不存在，因为它是稳定的职业。在后一类职业中，失业保险也不存在，因为有关的工人太穷，以致缴纳不起保险费。因此我们有理由相信，提供回报资料的各行业中的失业人数，所占的比例要大于没有保险的技术职业中的失业人数所占的比例。但是，我们对非技术工人中流行的情形一无所知。即便我们克服了其他困难，如果不清楚这方面的情形，就无法根据现有的统计数字对全国的总失业量得出任何的衡量标准。

根据工会的回报资料用各种加权系统计算出的数字或商务部的数字，都可以作为衡量全国失业发展的指数，以说明在不同时间内失业扩大或缩小的情况。但用这种数

① 参看彼得·威利著《论失业问题》第21页。

字来衡量全国在某一时期存在的绝对失业人数并不妥当。对于失业问题，我们可以做出定义并发现失业率的增大与缩小，但若想依据我们目前的资料来源对它的量进行充分衡量，根本不可能。如果不能充分理解这一点，我们就一定会因下面的图表而产生轻率而无根据的推论。反之，理解这一点后再来研究该图表，就会有助于我们进行下面的讨论。

应当指出，假设每个工人每年变更一次工作，且需3天彻底完成变更，每年就会产生1%的失业人口。我们认清这一点之后，下面的图表中所说明的百分比会变得更加清晰而有意义。

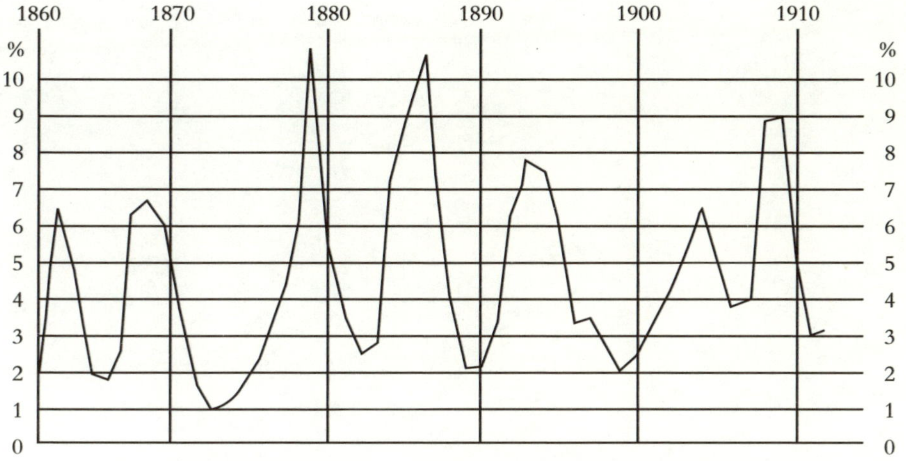

英国提供回报资料的工会会员失业人数年度平均百分比图

本图根据“英国劳工统计资料第15期摘要”第2页失业百分比校正图绘制，至于较早年代的图，则根据商务部为皇家济贫法委员会提供的备忘录《英王致议会命令第5069条》第598页绘制。该校正图是用某种加权系统制出的，其中对于机械制造、造船和金属工业，在整个时期都给予1/2的权数。采用这一系统的理由在《英王致议会命令第2337条》第79～85页上发表的商务部备忘录中有所说明。

第三章

失业与社会流弊间的关系

正如上文所述，衡量失业问题和对失业问题下定义都是次要的。现在，我们要谈的是追溯失业与有关社会流弊之间的关系，这就截然不同了。这是一个基本问题。从我们的观点来看，有关社会流弊是失业问题的全部意义。我们研究的目的是切实减轻这些流弊并在可能时消灭这些流弊。因此，在没有大致确定这些流弊与失业的关系之前，这项研究是无法继续的。这些问题，将在本章进行大致叙述。

第一点，也是最明显的一点，是失业意味着工资的损失。显然，非自愿闲歇的工人都希望得到更多的工作。当然，这并不意味着他们喜欢多干活，而是通过工作获得工资的热望超过了目前对工作的厌烦，他们才希望得到更多的工作。通常，在任何一种工人中增加就业量就等于那群工人总收益的增加。同样，降低人为增高的工资率就会产生失业量减少的结果。因此，可以说，失业现象引起社会流弊的一个基本因素（一般来说，这个因素非常重要）是“工人阶级所关心的收入将受损失，而且无法用更多的工作挽回”。

失业问题通常的表现不仅仅是在某一段时期工人的总收入受到损失，同时这种收入会因就业量不断地发生变化而变动。假如在繁荣时期我们具有充分的远见，工人也能为了应付随之而来的萧条时期经常做好充分准备的话，这种情形便不大重要了。但是往往——正如大家所知道的，我们并无充分的远见，大多数工人似乎也未对未来的苦难日子提早做打算，甚至在失业的变动引起收入上的变动有迹可循，或者可以准确预测的时候，情形也是如此。一旦这种变化是不规则的或痉挛式的，情形将更加严重。

在以往和目前的情形下，个人储蓄和集体保险绝不可能发展到这种程度——使工人阶级的家庭开支在他们的收入继续发生变化时完全稳定下来。因此，当失业现象在不同时期对个人产生不同程度的影响时，消费就会发生变化。如果已知每个人（尤其是贫民）每周的平均消费水平，那么我们可以清楚地看出，每人各周的开支变化愈大，他从平均数中所得的满足就愈小。通常，繁荣时期的大量消费并不能与萧条时期特别缩小的消费相抵偿，无论从直接的享受，还是从对于健康间接的或最后的效果来讲，都是如此。

西弗吉尼亚州一名失业的非裔美国煤矿工人的妻子和孩子。刘易斯·海恩摄于1937年3月。

在极端的情形下，这一点尤为明显。忍饥挨饿一个星期之后暴饮暴食一个星期，与14天有节制的生活并不能画等号。因此，我们便可以认定：通常情况下，在不同时间失业现象对工人产生的影响不同，因而导致他们的生活质量也不同。这就是和失业相关的社会流弊的第二个因素。

失业的各种形式与以上讨论的流弊的因素都有关系，甚至完全以缩短工时的形式出现的失业也与此相关。但如果在失业发生时，使某些人连续几个星期（甚至几个月）肯定地处于失业状态，就会产生另一个非常重要的因素——这种失业的形式将对遭受失业的人的勤勉性格造成永远无法弥补的损害。不仅他们掌握的技术会因缺乏练习而变得生疏（在某些情形下，这一问题的确是严重的），更重要的是，他们会因此失去经常工作的习惯，同时他们的自尊心与自信心会遭到摧毁。因此，在就业机会来临时，原来失业的人就无法被重新雇佣了。

美国曾经进行过一次调查。该调查结果有力地说明了缺乏工作热忱对失业者的道德将会构成多么可怕的威胁。“倘若被迫闲歇是一段休息和恢复精神的时间，那还有好的一面，但是，被迫闲歇并不能达到“得到休息、恢复精神”的目的。劳动本身带来的疲倦远远比不上找工作给人带来的疲倦。有一个找工作的人正坐在一个慈善机构的办公室里。他在等经理人时谈及自己找工作的经验时说道：“我每天早上5点钟起床，然后步行到三四英里以外的地方——听说那里可以找到工作。我早起是为了抢在别人前面，步行则是因为付不起车费。当无法在第一个地方找到工作时，我只得再步行若干英里到另一个地方去。而到了那里，我会再次失望……”这名失业者叙述的经历说明了一个真理：比起单纯地损失多少钱，失业有着更深刻的含义。这意味着生命力的消耗，而生命力是无法用金钱估计的。[①]一个人的道德在就业的压力下会崩溃，他会一去不复返地跨过自立贫民和懒惰卑贱贫民之间的分界线。

另外，还有一个因素存在于社会流弊中。情形是这样的：因为失业量时时发生变化且方式不稳定，故无法被预测；整体的失业所具有的不稳定性发生在个人身上时，影响就会更大。因此，在储蓄很少的穷人中必然会产生一种不安定和危险的感觉——这种感觉本身就是一个严重的流弊。H. 列维宁·斯密斯勋爵对这种情况进行了总结：“我认为从历史和观察中可以得出一个确定的结论，即如果一个危机的大小和可预估性超出某种限度，我所谓的赌博式的风险就会形成，那么这种风险并不会产生有利的刺激作用，反倒会产生严重的有害效果。”[②]根据同一精神，列洛亚·布流教授指出（该说法的确正确）：“除特殊情形外，一般而言，职业不稳定导致了现在社会上的病态，而这并不是由于工资不足产生的。”[③]

综上所述，任何国家因失业而产生的流弊，除了要看繁荣与萧条时期的平均就业量，更要考虑失业量在民众中是如何分布的（为全面起见，应当补上：它在时间过程中是如何分布的）。不过，在其他条件不变的情况下，“平均失业量大，流弊也就大”的观点始终是正确的。一般说来，国家的福利会因减小这种平均量的措施的采用而增进。因此，以下的几章内容讨论的将是更具普遍意义的失业量，即在一个较长时期的平均失业量，而不是任何一个时期的失业量。

---

① 美国《劳动局公报》第79号第906～907页。——原注

② 《经济季刊》（1901年）第518页。——原注

③ 列洛亚·布流著《论财富的分配》第612页。——原注

第四章

关于失业问题的通俗解释

我们在正面讨论决定平均失业量的原因之前，不妨回想一下关于失业问题的通俗解释。这种解释往往会使人们对这一问题的看法晦涩不明，因为他们这些解释往往以这一理论为出发点：在现有情况下，“工作不是人人有得做”。因此，他们最后便得出一个实际的结论：“不论怎样，我们都应该增加工作。”在这一点上，他们的看法同反对进口货、反对犯人制造的货物、主张借助减少工时的方法消灭失业现象的人一致了。

其实，并不是说他们的各种论断和各种药方都同样愚蠢，但他们有时与其他错误相联系，有时他们单纯地采取经济学家早就称之为“工作基金谬论”的基本理论。他们坚称：一旦史密斯和琼斯少做工作或者完全不工作，布朗和鲁滨逊就会得到更多的工作；只要我们的市场上没有外国人生产的汽车，不再由犯人做缝纫衣服的工作，开电车的人每天只工作6小时而不是12小时，我们就有了吸收失业人口的余地。这是个流传很广且说得头头是道的理论，因此我们有必要对此进行详细的讨论。

由于这一理论中包含一个无可怀疑的真理，因此它看起来好像很有道理。也就是说：一旦阻止外国人或者犯人把某种商品（如钢条）送到我们的市场上来，英国制造那种特殊物品的工业就会产生更多的工作机会。同时，这也不是一种暂时现象，在人们适应了新情况后就会马上消失，相反，国内受到影响的这一特殊行业获得额外工作机会的可能性是永久性的。大体上说，如果从每一个工业部门不同的情形来看，的确存在固定的工作基金。这种固定的工作基金在全国所有的工业中都存在，相信没有比这个更加合情合理的推论了。我们不妨特别关注一下在受到激烈的外国竞争的工业中受雇工人的情形。或许，他们会看到自己的企业主要供应的订货一批批地落到了外国厂商的手中。只有在特殊时期，即工厂特别顺利的时候，他们才会感知一次繁荣的全部美景。当遇到其他行业的工人时，他们就会发现那些工人有着与他们同样的情形。

其实，每个行业都完全清楚，只有除去外国产品的竞争，才能为本国人提供更多的工作。当其他工业的同行说自己的情形与他们相似时，他们才完全相信。他们会说：我们要想得到工作，要想让失业的流弊永远成为过去，就必须并肩工作，并且通过政治活动把外国人排除出去。至于那些自身产品与犯人制品发生竞争的人，以及那

一个小公司经理的老照片。

些渴望在目前工时很长的行业中就业的人，则有着与上述说法非常相似的理论：减少一半工时，将绰绰有余地雇佣两倍的工人。

很明显，得出这种结论的逻辑推理存在严重的缺陷。假设某种政策分别用于甲、乙、丙时会令三者分别得到好处，那么将该政策同时用于甲、乙、丙时，大家就都会得到好处——这种推论就发生了逻辑学家的综合法的谬论。对于这一谬论，有关扒手活动的例子算是最有名的解释。假设一张桌子周围坐满了人，如果史密斯拿走左边邻人的钱袋，那他自然会得到好处；如果琼斯也如法炮制，同样会得到好处……这样的事情如此进行一周，此时，如果说每个人从他左边邻人的口袋里偷取钱袋后都得到了好处，这便是一种谬论。该谬论的秘密是：当我们每个人所得到的效果转换为全体人所得到的效果时，我们忽视了一个事实——别人受到相应的损失，才促成史密斯单独得到某种政策的利益。这种缺点在上述关于失业问题的说法中已体现出来，于是，也就无法得出自己想要的结论。这是因为，每种工业各自存在一种固定的工作基金，并不等于在所有的工业中也存在该工作基金。

如果流行的思想在辩护某种前提时只是提出的理论不正确，我们并不能说这一前提本身也不正确。如果许多人因许多不像话的理由而持一种见解，这种见解就可以被抛弃，那么糟糕的是，能站住脚的流行的信念就会很少了。事实上，虽然某种理论的支持者的支持理由很荒谬，这种结论本身却往往是正确的。我们不在泥水匠的脚手架下行走，并不是因迷信地认为这是“不利”的，而是担心偶然掉下的砖石砸在身上罢了。我们对支持某一种结论的理由进行驳斥，只因它不充分，却不能否定这种结论。在这种推理过程中就包括逻辑家所谓的“论点不同”的谬论。因此，在失业问题和固定工作基金方面已经进行的如此长久的探讨，我们就无权中止。另外，我们必须用直接研究的方式来探讨一下：在某一特殊行业中，由于切断外国人或犯人的竞争而形成的额外职业，到底是不是真正的额外职业，抑或可能会被其他工业失去的职业所抵消?

这一问题，在对外贸易方面表现得尤为突出。很多人认为，能通过参照进口与出口之间的基本联系得出最后的结论。通常来说，每个国家进口的货物与外国提供的劳务价值必须等于出口货物以及向外国提供的劳务的价值。这是因为，购买中的唯一支付手段是出口商品。当然，我们并不是说，某国家从另一国家进口的货物必须同该国家对那个国家的出口相平衡。比如，某国从法国购进的货物支出可以间接地用对德国的出口利润来支付，其实就是对法国人的债务由对德国的出口偿付了。甚至在某一时期内，一个国家从世界其他各国的进口总量也无须一定要同出口总量保持平衡。众所周知，国与国之间是存在大量的借贷关系的。因此，纵然借了款，记录在贸易表上的进口量也不用与同样记录下来的出口量相平衡。这是因为，大量的劳务还应当计入国际贸易中，尤其是船舶和银行交往的劳务，而这些自然是没有被计入的。有了这些和另一些微小的保留，一个国家对其他国家的出口和进口仍必须保持平衡。这句话不单是正确的，而且是一条自明真理。因此，如果其他条件不变，在进口量减少时，出口量也应与之保持一致。

在这种情形下，人们往往会提出：对于某些工业来说，就业机会的确会因限制竞争性的外国货物的进口而增加。然而，在其他惯于以制造品出口的工业中，就业机会会相应地减少，于是会把它（增加的就业机会）抵消掉。对于禁止出售犯人制品的效果，我们可以提出完全相同的理由。最后说来，这些货物假设都在国内进行交换，那么它们会与其他价值相等的货物交换。如果禁止犯人拥有这些货物的制造权，显然，监狱以外的人就可以获得制造这种货物的工作，但是，有些人的职业却被破坏了，因为他们以往本来就在制造其他货物和这些货物相交换。对于“某一工业中减少工时对就业机会的影响”的问题，我们也可得出第三种类似的理论。也就是说，由于原先有

佐治亚州萨凡纳码头上的数百桶原油。摄于1904年。

人制造能与这种额外工时的产品相交换的产品，这时他们的就业机会也被破坏了，因此减少工时所产生的就业机会也就被抵消了。

对于这种说法，有一种流传极广的意见。该意见认为，将其运用到对外贸易方面是有决定性意义的。依照许多作家的观点来看，这一论点完全否定了“排除或限制外国竞争就可以增加就业机会，从而减少国内失业量”的说法。然而，这种意见并不正确。假定其他一切条件不变，进口的减少可由出口的相应减少来平衡这一事实，并不能证明原本受外国竞争的工业所增加的就业机会将被该国家制造出口商品的工业所减少的就业机会所抵消。在不同的工业中，相同的产品价值，并不一定能提供相等的就业机会。但我并不打算在此对这一方面的不平衡所产生的例外情形加以讨论。除此之外，还存在一个更基本的困难。

对此，反对者会提出：假设英国限制外国制造品的进口，那么兰开夏[1]销售到国外的棉织品数量就会减少，但这并不意味着英国销售的棉织品总量会减少。与之相反，它可以用商品去交换英格兰或苏格兰等其他地方的机器，就像交换德国或美国的机器一样。总之，就是说，在竞争性的商品被禁止进口时，限制进口国家的人民就可以制造这种商品，否则他们就会失业。而现在，他们有钱来购买出口工业原先销售到国外的那些工业品了。这种看法到底正确与否，我们还没有过问，但出口与进口平衡的理由并不能证明它不正确。因此，这种证明和一般流行的观点有所不同，它并不足以肯定：在本国某些工业中，因削减进口货而产生的新的就业机会正好与出口业方面等量减少的就业机会相抵消。至于禁止犯人制品和缩短工时方面的理由，也是如此。

在我们理解了这一点以后，某些人有时就会求助于统计资料，目的是对进出口平衡的说法持支持态度。他们认为，假设竞争的外国商品的进口量减少，本国人民就有机会制造出相等的货物，而他们在其他情形下是失业的。如果真是这样的话，在竞争的进口货最多的年代失业的人口也应当是最多的，在进口商品最少的年代失业的人口也应当是最少的。这是我们能预计的。同时，假设在一段长时期内，某一国家进口的竞争性商品始终是增加的，那么该国家的失业人数平均百分比也应当是增加的。不过，就英国的情形来说，可以取得的统计资料却直接否定了这种预计。如果我们把过去50年中成品和半成品的进口量（这是英国的主要竞争性进口商品）用曲线表示，并把这条曲线与表示工会会员失业人数的曲线相比较，就会发现，表示进口商品数量曲线上的最高点与表示失业人数曲线上的最高点并不相符，反而在某种程度上出现了背道而驰的情形。

从总体上说，就业人数在进口业繁荣的时代似乎也比较多，而在进口业相对萎缩的时代较少。因此，我们的第一个预计和第二个预计都没有得到事实的证明。英国成品和半成品进口量的逐年平均数，在1860年以后由最初的3 000多万英镑增加到1.3亿多英镑。但从已取得的统计资料来看，工会会员失业人数的一般平均百分比却基本没什么变动[2]。

根据这些事实，“因限制竞争性商品的进口，原来闲歇的工人可以得到新的就业机会，而不仅仅是把就业机会从某一类工业转移到另一类工业”的说法是根本站不住脚的。此种说法即便有些分量，也不是决定性的。这是因为，有一种反对意见会因提出这种答复而出现，即进口业的繁荣和失业人数的减少这两种现象，都是由造成景气

① 英国英格兰西北部的郡。——译者注

② 对本文所依据的事实的详细研究，参看庇古著作《论保护关税与特惠关税》。

1941年8月，橡胶轮胎被回收利用。第二次世界大战期间，一些国家减少了橡胶的进口，却增加了对橡胶的需求，导致橡胶在整个战争期间实行定量供应。

的普遍因素引发的。人们之所以从统计数字上看不出进口的敌对影响，是因为其被这种普遍因素掩盖了。不过，这种敌对力量依然存在。繁荣时期的失业人数在普遍因素保持不变、进口商品又加以削减的情况下，会降到比现在更低的水平。虽然没有正面的证据支持这种说法，但它驳斥的统计资料也无法把它推翻。因此，该说法正像从进出口平衡方面直接导引出的理由一样，并不能成为“限制竞争性的进口商品，不能为采用限制政策的国家的人民提供更多的工作机会”的证明。

上述理由的缺点是很容易说明的。这些推理只停留在表层，并未深入基本原因。但经济学家知道一种更全面的分析，我们在看问题时不妨站在一个国家中失业者的立场，并为这些失业者提出辩解：要想创造就业机会，就需要排除竞争性的进口商品，并禁止犯人劳动以及减少一般工时。这些人失业的原因就在于，根据他们所要求的工资，没有人需要他们的劳务，所以他们失业了。如果想要保证他们就业，一方面，要降低他们要求的工资；另一方面，要出现劳动需求。但这种需求又从何而来？或许只能从国家的总收入中得来，即从社会上其他人的劳动与资本的生产品中得来。因此我们可以得出结论：排除竞争性进口商品、禁止犯人劳动和缩短一般工时，要在一种条件且只有在这种条件下，才能成为他们创造就业机会。也就是说，这些设施要提高社会其他人的劳动与资本的生产效率。

显然，禁止犯人劳动是做不到这点的，甚至还会产生相反的效果；缩短一般工

一对夫妇在农场挤牛奶。

时是否能做到这一点，要看工人的效率能不能因增加的闲暇和减少的工时成正比地增加；而排除竞争性进口商品能不能做到这一点，要看实业界人士认为直接制造不如和外国进行交易合算的那些商品在实际进行交换的时候是否更便宜。这是经济学家对这一问题的解答。

一般人在这方面的讨论已经极不严谨了。这句话换种说法就是：任何国家的人民手中都不存在固定的工作基金，堵塞某种商品的供应来源以后，就会增加从事某种特殊职业的工人的就业机会，但无法直接增加全体工人所能获得的就业机会。诚然，这种结果可以间接取得，其条件是：我们的工作活动必须用来发展更有利的生产资源。总之，要想做到这一点，这种活动不仅不能限制已就业的工人，还要扩大已就业的工人的人数。

在前几页我们做出批判性的讨论后，现在我们可以认为已经得出正面的结论了：任何一个国家的失业量与生产率都有成反方向变化的趋向，即具有和全国每人的实际收入成反方向变化的趋势。因此，贫穷国家的失业比例要大于富有国家的失业比例，而且所有国家的失业比例都会随着财富的增加而降低。任何人想要做出这种推论时，都会因许多事实而不得不停下来。

据目前极不完全的统计材料，没有任何理由能让我们笃定地认为，在现代世界，较穷的国家较之较富的国家失业的损害更大。比如，在过去的半个世纪，英国的财富有了巨大的增长，但我们并没有理由认为其失业人数的平均百分比随之发生了显著的降低。初看起来，这些事实令人诧异，可实际上并非如此。失业人数并不会因为实际收入的增加而无条件地减少，唯有工人的平均工资率不变而劳工需求量增加的时候，就业人数才会增加，失业人数才会减少。

其实，工人的工资率往往会随着实际财富的变化而发生变化——无论是同一时期不同国家的变化，还是不同时期同一国家的变化，都不可避免。这根源于人民关于合理工资的概念会受到国家财富增大或缩小这一事实的影响。我们可以看到，不同国家、不同时代的工资水平已经因这一现象而受到影响，因此我们并不能得出“失业现象和国家的贫穷是可能有关系的”这一结论。如此说来，这章内容完全是批判性的，并没有提供便于我们得出正面结论的理由。

第五章

“静止”下的失业现象

正如刚才所言，在上一章虽未得到正面的结论，但揭示了一种方法。能够在本章说明一种理论上的可能性，即：各工业部门可以根据各种等级的劳工需求量，对任何时候的工资率做出调整，以提供就业岗位，消除失业现象。也就是说，“工资率与需求之间的关系平衡了就会产生就业，失调了就会引起失业”是本章要说明的问题。这样，我们的探讨应当遵循的思路就明朗了。我们若要判明已经和将要出现的平衡或失调关系是由哪些因素引起的，就必须采取一种探询的方式。这是因为，对所有不同等级的工人而言，如果在相当长的时期（并非某个特殊时期）内自由竞争的力量决定了工资率，那么只有在各不同等级的劳工需求量发生变动时才可能出现就业、失业现象。如果剔除这种变动，任何失业现象都不可能存在。

其实，自由竞争的力量并非在任何地方都能决定前面所说的平均工资率。失业的产生方式，还受另外一些因素的影响，失业现象就可能在这些因素中产生。探讨这些因素是本章的目的。为了实现该目的，我们最好去除实际生活中由变动引起的复杂变化，而采用这样一种状态：每一个地方的不同形式的工业活动都以一种稳定的比率进行，任何工厂和工业扩充、工厂和工业凋敝都不存在。各种谷物的收成年年都一样，流行式样也不发生变化。简而言之，生活的巨轮以固定不变的速度在不断地转动着。

首先，这样一种情形需要我们考虑：有时我们会看到，对于某些等级的工人来说，竞争力量自由调整了工业界主要部分的工资率，于是聚集在这一方面的一切工人都被吸收了。但在某一个或某几个特别点上时，工资率比自由竞争的一般水平要高。如果某一工业或某一地方的工人有一个特别强大的工会，那么上面所说的工资率就会时常出现畸形过高的现象，甚至会在很长一段时期内存在这种过高的现象。无疑，当一个工会具有强制定出畸形高额工资率的力量时，它也往往会发现这种力量并非每次运用都有利。理由是，在许多情形下，激烈的竞争会在这些工人生产出的商品和同类或敌对的商品之间发生。一旦畸形高额工资率被强制实行，企业主的生产成本就会增加，订货数量就将极大地减少，工人劳务的需求也会因此过分地降低，他们的总收入就会随之减少，而不会增加。

可在某些情形下，一群工人（如煤矿工人或医师）提供的劳务无法被充分地代替，因此，人们宁愿支付极高的价钱也不愿大量缩减购买量。在这种情形下，受到影响的劳动者的总实际收入就会因制订出畸形高额的工资率而增加。可见，在可能时保持这种工资率，不仅符合他们的眼前利益，甚至也符合长远利益。不只工会活动能取得畸形高额工资率，其也可能由公众舆论通过消费者协会的压力或者由市政当局公平工资决议的压力而强行获得，同时也可以由工资委员会或者强制性仲裁实施的法律压力而强制获得。

为了便于解释任何职业订立畸形高额工资率的工厂对失业现象的影响，我们不妨先假设受影响地点的竞争工资等于其他地方同类工作中通行的工资，而把实际工资人为地提高10%。一般来说，如果不考虑济贫法的救济制度特别对某些地方优惠的情形，这一假设是可以成立的。所以初步预估的情形是，在对收入的预期未减少到与外界通行的收入水平相当时（这种预期等于工资率乘以就业机会），新的工人将不断地被吸引到受影响的行业中来。由此，这种工资率的提高显然会产生10%的失业。与此同时，若我们对这些事实稍加细心，就会发现这种初步的预估是将工资率中某一特定的人为因素所导致的失业量低估了。这是由于工人在对不同职业的相对利益进行预估时，往往对隐蔽得多的失业可能性注意得比较少，而更关心显而易见的货币工资。换句话说，假如把工资率在一般水平上提高10%，就会吸引许多人投入该工业，从而使他们的平均收入实际低于其他地方的同类工作所能取得的收入。或者说，聚集在这个工业周围的工人的失业人数平均不止10%。在这些人中是否有哪个人会永远失业？关于这个问题，我们无法断言，但总失业量是恒定的。事实上，一些人和另一些人是交替地失业。失业的总量就是由这些不同情形相加构成的。

通过上文的阐述，我们知道在工业界的某一特殊点上，一定量的失业现象会因工资率中出现的一种人为的因素而必然产生。因此，消除或减少这种人为的因素，是消除失业现象唯一可能的“补救办法”。可这并不是一个十分可靠的结论。这是因为，以上所有的说法都在无形中假定了受影响的职业中的工人受雇的方式是：每个外人——企图归入这一职业的——所能希望的就业机会，几乎与已经属于这一职业的人同样有效。这一假定如果为真，那么“工资率与就业机会的乘积”就可以作为这一职业中的收入预期的正确解释。

其实，这种收入预期大致上决定了归附于某一职业或某一工业的人数。但如果固定的一群人手中严格地掌握着在某一工业中可以获得的工作，这群人事实上（如果不是名正言顺地）又组成了固定组织并成为其固定人员，情形就完全不同了。打个比方，假设某一行业的企业主安排其雇员从事工作的计划与“英国和印度文官制度”所采用的计划一样——把人一次选定并任用很长时期，那么在这种情形下，人为调整的

19世纪，英国和爱尔兰常见的家纺“车间”。在大规模工业化纺织时代到来前的19世纪中叶，绝大多数的爱尔兰家庭都拥有织布机，织布过程均可在家完成。

过高工资并不会像在工业中那样，又能获得有充分就业机会的人，还能吸收一批追随人员。与以往一样，计算上的收入预期还是工资率与就业机会的乘积。但工业的吸引力不能用这种预期来衡量，因为无论内部人员的工资有多高，对那些跟从者（即聚集在周围的外面的人）完全没有用处。如果这些跟从者绝对无法分享高额工资，情形就是如此。

据此，我们可以得出结论：在任何工业部门中订立人为的高额工资，只有所谓因果型的方法是该工业采用的办法时失业才会出现。如果采用的是所谓集中型的雇佣方法，就业就会一直持续，失业便不会出现。关于该命题，有一个显而易见的论点：若中间型的雇佣方法被采用，那么它所引起的失业量，就要看它是近于因果型的还是近于集中型的。可以看出，就任何等级的劳工来说，如果竞争条件决定了工业界主要部分的平均工资率，而在特殊的点上被人为地提高，那么在这些点上假如采用优先名单的方法来雇佣人员，因此用集中雇佣法来替换因果雇佣法时，其就可以成为一种实际的针对失业问题的补救办法。无论这种名单是按字母、按特长的多少还是按其他任何标准排列，只要需用的工人完全按照名单所排列的次序被雇佣，都会产生集中的效果。即使是在许多不同的需求中心分别办理优先名单，也同样能产生很大的效果。倘若要使效果更加明显，只需由一个中心按照全工业或全地区的需求集中办理即可。因此，集中的效果会因劳动交换所用的优先名单而达到很高的程度。我们应该谨记，只有在下述条件下，失业总量才会减少，即：刨除维持人为高额工资率的特殊地点，针对有关等级的工人有一个可雇佣的范围，其工资率是由竞争条件自由决定的。

在现代世界，如果订立人为工资被集中在有限地点的特殊等级的工人中，可能并无太大的实际影响。在某些特殊情形下，这种工资无疑会被一个强大的工会在有关的职业中维持一个时期。但很快，“接受比工会的工资率略低的工资，就能得到经常的工作和高额的收入”这一点，就会被非会员普遍认清。一个强有力的引诱必然会因这种看法而形成。“在名义上，规定的工资率无疑是他们所坚持的，但他们会以什么方法来防止工人约定以特殊高的劳动强度来换取这种工资的举动呢？或者正如以往经常向英格兰北部铁业仲裁人提出的那样，小量的额外利益难道会被工人放弃吗？实际工资难道不会因这种额外利益而增加吗？实际上，工会大堤上的一条裂缝会因许多巧妙的方法而形成。”①

形成裂缝的方法自旧学徒制度实际消失后，不仅增多了，而且变得容易了。此前，人们进入任何行业都会受到这种学徒制度的限制。如果一种有利于聚集在某些地点的工人的人为工资率无法被工会有效地订立，那么舆论或者政府当局一般也不愿这样做。当这些力量发生作用时，他们会把他们的活动推广到整个等级，而不只是增加某一特殊等级的工人中特别选出的某些工人的工资。据此，对于上述讨论的情形，我们可以做出公平的结论说它们实际上并不太重要。

现在，我们要讨论的第二种情形的重要性则完全不同了。在所有的普通工业中被雇的工人都不尽相同，他们在工作能力上也有很大的差别。从理论层面上看，按照他们的能力，当然可能会对他们的工资做出准确的调整，为的是让每个人的每一效能单位都取得相同的工资率。实际上，在经济界，有各种形式的阻力阻碍着正常的经济因素充分地发挥作用，正因如此，下等工人与上等工人的工资率与他们的相对效率所能保证的工资率相比，下等工人的工资率与其实实际生产效率所能保证的工资率保持得更接近。我们可以做这样一种假设：在任何工业中，一旦优等工人的工资能与在自由竞争条件下产生的工资保持在同一水平，那么低等工人的工资往往会高于那个水平，因此，工资也就被人为地提高了。甚至，在纯粹的计件工资制度下亦是如此。这是因为在此种制度下，快手较之熟手多得的工资虽与他的额外产量成正比，但因其使用机

① 参看庇古《工业和平的原理与方法》第48页。

器的时间较短，并未取得为雇主获得间接利益而本应取得的那部分报酬。不过，级差的因素在实行计时工资制度的地方影响最显著。“甚至造成工人工作能力降低的是某种肯定明显的原因，例如，因为年老而导致的工作能力降低，此时遵照此法根据效能对报酬进行调整也是合理、可行的。某些工会中的工人所取得的工资是计时工资。他们通常会做出特殊的安排，将低于标准工资率的工作交由60岁以上的工人去做。贝弗里奇先生说：这种安排在家具业、印刷业、制革业、建筑业工会中的规章上都有。其中，有一个工会在如此安排之余，还通过它的分支机构将低于标准工资率的工作（以便消除失业基金）安排给56岁以上的工人。然而效能较低的原因对许多人来说并不是肯定的客观原因，比如老年或残疾等，对于这种人，就更难做出调整了。用《新西兰仲裁法》下争论不休的‘慢手问题’，能说明这种困难的性质。‘逾限低工资率’是仲裁法庭常常在裁定最低工资时由一个法官为慢手订立的。

在该法案施行的早期，在有关工会主席或书记手中能取得逾限低工资率的准许证。可实际上，他们并不愿意把准许证发给此类人员——特别是非老年、意外事故或疾病等明显原因造成的慢手。现在，新的规定在听取工会代表的意见之后已经出现：地方调解委员会主席掌握着签发的权力。在维多利亚，工厂总监掌握着签发权，但有一个条件必须满足，即任何工厂的特许工人的数量只能低于或等于该工厂以充分的最低工资率雇佣的成年工人的1/5。各工会由于怕通过这种许可证使领取满额工资的工人的产额标准提高，从而在暗中降低了最低工资率，因此并不愿意批准这项许可证。不过，这种不愿签发的情形在工会必须支付给失业会员大量的失业救济金时就自然减轻了。但这一条件在所有情形下依旧具有很大的力量。同时，由于这种准许证边界工人不愿请求，而逾限低工资率的工人也是企业主为了保全名誉而不愿雇佣的，因此，这种力量就被加强了。”[①]如此一来，即使在计时工资制下毫无过分硬性的规定，工资也力图认真地根据效能来调整，但比起在计件工资制下所能达到的程度，其效果还是差得多。对此，人们按照效率适当地调整工资的时候，就会受到这些实际困难的妨碍，导致低等工人的工资率中出现了人为的因素。不言自明，平均失业量会因此大于应有的情况。倘若调整的方法能被一种制度改进，不论是计时工资被计件工资代替，还是把计时工资制度更好地组织一下，都算是一种补救的办法，并可在某种程度上作用于失业现象。

第三种情形也非常重要。就低等级的工人而言，他们的工资率无论是由于习惯、法律还是其他方面的原因而在全国所有产业部门中被提高到一定水平之上，这一水平

① 参看庇古著《财富与幸福》第229—301页。

女工们在血汗工厂的装配线上缝制泰迪熊。妇女们在缝纫机旁忙碌着，男人们则在旁边指手画脚。1915年摄于纽约。

在现有的需求条件下使该等级中所有的男性或女性都能获得就业岗位。对于维持体面生活所必需的收入量，人们有一个大致的概念。任何等级的普通工人，在完全就业时的工资未能使其收入达到这种程度，舆论界就会感到愤怒。有时通过习惯，有时通过法律表现出来的人道主义观念就含在这种看法中。

每星期10先令似乎是英国许多女工的习惯工资。可以据此想到，这种观念几乎是这种工资确定下来的依据。而这种人道主义观念在维多利亚和南澳大利亚等殖民地已经形成了法律规定：任何注册过的工厂中，每星期低于2先令6便士（维多利亚方面的情形）或4先令（南澳大利亚方面的情形）的工资都是禁止实行的。在新西兰，一条规定使这种有些带有装点门面性质的最低工资额产生了实际的效果。这一条款规定：任何受雇于工厂的工人，每星期要拿到不低于5先令的工资，同时每年的增加额要等于或多于每周3先令，直至每周20先令为止[①]。诚然，农业方面的雇工并未受到这些法律的眷顾，原因也许是农业工作的分散性决定了实行这种法律会产生许多实际的困难。但尽可能地在全国范围内为最低级的工人订立一种最低工资额，显然是这些法律所包含的精神。关于合理生活的一般观念，就是它的基础。

正如上章结尾所言，公众舆论确定的工资随着相关国家贫富的不同而有高低的差别，它不是绝对的。通常，在低于某一工资率时雇佣工人，就会被看成不光荣的行为。比起在俄国和印度，在美国和英国这种工资率更高。不同等级的劳工需求量，会因国家愈富而愈大。那么，我们依据上面的情形能得出很重要的结论：失业现象必然会因某一社会的财富（即对劳工的需求）增加，同时一般人所接受的人道主义最低工资率又不变而减少。反之，失业人数就必然会因人道主义最低工资率增加而社会财富量维持不变而增加。不过，国家的财富和人道主义的最低工资率中若有一项不变，另一项也几乎不会发生持久的变化。因此，这种结果并没有初看起来那样具有重大的实际意义，而是我们假定的。

这两种变动通常是联系在一起的，若在实际生活中发生，就会相互抵消对平均失业量的作用。如此一来，作为决定平均失业量的因素时，人道主义最低工资水平和物质财富水平都要有所保留。如果两个国家的财富和人口量大致相等，其中一个国家的最低和效率最差的等级人数，在不同等级的人口分布中占有较大的比例，该国家的失业群众就可能较多。因此，如果在一国工人阶级中，从事非技术性的最贫困工作的工人的比重能因一种事物而减少，通常来说，它（这种事物）就可算作减少平均失业量的因素。

如上所述，在某种程度上我们的确可以说，失业问题可以因工人阶级在教育、体力、脑力和道德方面的进步而得到补救。教育能发展一般的能力，有时与某种特殊工业相关联的特种技术能力也能得到发展，因此，效能差的非技术工人的能力会得以提高。他们即便进入不了技术工人的行列，至少也能变成有效率的非技术工人。教育在这种方式下，便使完全无用的最低等的人数减少了。在基于人道主义考虑而实施的工资水平下，这些人的劳务是供过于求的。顺便补充一句，这并非全部的效果。生产力水平会因新技术工人的发展而提高，国家的实际收入也会随之增加，因此，对最低等级工人劳务的需求就间接地增加了。但从眼下的观点来看，不应对这一结果加以强调。原因是（上面已经说过），如果增加实际收入，人道主义的最低工资额也往往会相应地提高，这就会抵消它对失业现象的有益效果。但最低等级的工人数目因接受教

① 参看雷纳德《论最低工资》第335页。

育而减少，则不会因为这种缘故而抵消。因此，减少平均失业量的真正因素是教育。

现在，我们当然无法详谈国内初级学校的教育组织问题。可是，还有另一个因素几乎同样重要，它可以决定一个儿童是变成低级非技术工人还是更好的工人，即从学校出来后他最初几年所过的生活的性质。在这个时期内有两种职业可供他选择：第一种，该职业当时的工资虽少，却没有受训练的机会，甚至对他的品质有损害；第二种，该职业当时的报酬虽少，却能培养技能，以备他时之用。目前，有两大类职业的报酬极高：一类虽然是技术性的，可并不能为成人的工作做准备，因为它只能让儿童操作，比如制靴和制鞋工业，儿童们用小巧的指头工作起来更有利；另一类工作是童工工作——都是非技术性的，现在，对这种工作有很大的需求量。

来自皇家济贫法委员会的报告称，英国各大城市——尤其是伦敦，“有数不清的工作空缺需要雇佣童工，如跟班小弟、送奶儿童、机关商店差遣儿童、行李车与电车服务儿童以及沿街零售儿童等。”[①] 从本质上说，以上两种类型的工作全无教育作用。对于特种类型的工作，杰克逊先生在给济贫法委员会的报告中写道：“这些儿童被迫从事成人的非技术性劳动，并不会对他们造成损害，而他们在童年受雇时，因工作的特殊性导致他们不适于变成优良的低等技术劳动者，才是损害他们的原因。”从教育观点来看，儿童所能取得的各种非技术性劳动的情形会更糟。

我们有理由相信，对于训练儿童，许多职业不但做不到，反而会起到相反的作用。对这一问题的主要理由，杰克逊先生有很清楚的说明：“训练不应单纯涉及手和眼的技术，培养责任感和人格也应包含其中。除了道德品质，训练与发展勇气、活力、脑力、坚毅的品格、强健的肌肉和耐力都是我们需要的。”假设不改良前述情形，许多非技术性的童工工作就会把儿童的一般品质摧残得体无完肤。关于这一问题，杰克逊先生曾提出报告说：“儿童的勤勉习惯很可能被行李车这一职业损害。”接着他又补充道：“其实，人们一致认为沿街零售是最易败坏儿童品质的。没有让儿童学习到技术的职业实际上不是问题的关键，而是当极广义的教育被儿童需要时，这种工作恰好在这种年龄损毁了他们，还将他们的光阴一并剥夺了。”[②]

为了证明这类工作具有损害性，有人企图把从事这类职业的儿童的性格和他们日后的生活与一般儿童相对比。但这种对比结果不尽如人意，因为低等工作多是由出身低级阶层的儿童来做。在讨论送电报的儿童时，悉尼·布克斯通先生说明了这一重要问题。他正确地指出，对送电报的儿童和从事技术职业的儿童的日后生活进行比较

---

① 参看《皇家济贫法委员会多数党报告》第150页。

② 参看《皇家济贫法委员会多数党报告》第20卷附录第23～27页。

一个赤脚男孩在乔治棉厂当童工。他显得如此弱小，以致不得不爬上纺纱框架去修补断裂的线程并放回空的线圈。刘易斯·海因摄于1909年。

后，随即就对送电报的职业进行谴责，显然是不公平的做法。理由是，大多数送电报的儿童并不会从事这种技术性职业。他获取了在某些城市中送电报的儿童和他们兄弟的日后生活的比较资料，发现，送电报的儿童在某些城市较为成功，但他们的兄弟在另一些城市也较为成功[①]。在沿街零售的儿童身上应用这种批判性观点时，1903年童工雇佣法案委员会承认了其公正性："对于沿街零售儿童的飘荡与犯罪生活，我们若认为是他们的职业造成的，就实在太过分了。他们中的大多数人不大可能变成其他类型的人物，因为他们出身于赤贫阶级，家境不良且在街头生活。"[②]

虽然必须以谨慎的态度对待关于这一问题的统计资料，但常规经验都认为：许多儿童从事的非技术性职业，不但对儿童没有教育作用，反而具有破坏作用。各种有工资报酬但无教育作用的职业纷纷现身于继续存在工业学徒制的地方，并与其分庭抗

① 参看《皇家济贫法委员会多数党报告》第222页。

② 参看1903年童工雇佣法案部门委员会《英王致议会命令》第5229条第12页。

一个童工正在车站给人擦皮鞋，以赚取微薄的生活费。

礼。同样，夜校、技术学校的无报偿工作也成为其劲敌。此外，由于无知和贫穷，许多父母驱使儿童或亲自为儿童选择眼前看起来比较吸引人的工作，而对将来更加有利的工作视而不见。因此，对那些更有远见和更为富有的处在权威位置的人来说，这就给他们提供了给予鼓励和施加压力的机会。有些慈善的企业已经认识到其在这一方面的责任，如凯得柏利·布罗斯有限公司（最近改革的英国邮政局，也可归入这类）等①。

再比如朋威尔工厂，其制定了详细的条款来对受雇儿童的体力和脑力进行训练。雇佣时规定，这一条款适用于所有不到录用年龄的儿童。这种举动应由国家以国会部分款项来支持，为青少年设置教育设施，并禁止儿童从事工时过长以及有害身体的工作，同时要防止设施所在的工厂主从中渔利。现在，一般舆论都支持这种政策，这已

① 参看《邮局童工常设委员会第3号报告》《英王致议会命令》第6959条全文。

成为事实。赛德勒校长说："所有雇主都必须受到法律的限制，准许所雇佣的儿童（17岁以下）至少在冬季每周有4个小时参加体力、技术和一般训练课程。这些雇主包括各政府部门、工厂主、零售商和雇佣儿童做家务劳动的企业主。而若想让儿童获得教益，就不应当在儿童过分疲乏的时候进行训练。"此外，他还主张配合这一法规强制实行"青工、童工工时过长的地方减少工时"。[①]

巴纳特是一名已故的牧师，他要求议会通过一项法案——"为了使受雇儿童每星期都参加夜校课程，应强制企业主为他们取得礼拜许可证。"[②]济贫法委员会少数党最后做出结论道："我们认为，如果修正《工厂法》和《教育法》，在所有职业中规定企业主不得令其雇佣的15岁或18岁以下的儿童每周工作超过30小时，超过便是违法，那样即会取得很好的效果。另外，作为准予其在工业中雇用未成年工人的条件，有一项义务是雇主必须担负的：他们必须向适当的公立体育与技术学校为15～18岁的儿童报名，同时要将一项义务加在童工身上——在这些学校的学习时间每周不少于30小时。"[③]这一点，德国已经实行将近20年了。"1819年，《帝国工业法》规定：官方承认的补习学校，是每个工业部门的工厂主必须准许18岁以下的儿童参加的……并一直学习到官方规定的必要时间为止。对于18岁以下的青年男工，所有的地方议会都有义务使其参加学校的学习。"[④]

这类压力，我认为无疑会对社会普遍产生良好的影响。但一般性质的好处本书不准备讨论。这里要强调的是，在减少平均失业量方面，采取这种政策具有相当重要的影响。

① 参看《皇家济贫法委员会多数党报告》第224～225页。

② 巴纳特著《社会改革之路》第99页。

③ 参看《皇家济贫法委员会少数党报告》第1191页。

④ 参看《皇家济贫法委员会少数党报告》第20卷附录第30页。

第六章

弹性完整的工资率

以上我们集中精力讨论的是即使在静止状态下，也会发生的工资率和劳工需求量之间的失调现象。关于这个话题，现在我们暂且不谈。其实，尚有许多其他失调现象存在，因为工业界每一部门的劳工需求量都会有所变动。为了便于本章讨论，我们可以想当然地假定这种变动存在，并且已经知道它们的大小和一般性质。应当指出的是：这种变动未必一定引起失业，因为工业界不同地区的工人所要求的工资率都可以通过某种方式和需求量的变化相适应，以便企业主愿意雇佣的工人数量都大于或等于任一地区工人的数量。根据这种方式变化的工资率，就被我称为弹性完整的工资率。

众所周知，在上述意义下，现实生活中的工资率自然都不可能具有完整的弹性。因此，需求的变动必然会引起失业。不过，一般而言，工资率并不会完全缺乏弹性，这一点也是尽人皆知的。相反，工人能接受的工资率，通常会因一般劳动需求量的增减而在某种程度上相应地增减。因此，我们马上就可以得出一种推论：倘若工业变动的大小已知，那么这种变动引起的失业量将有大小的差别——它随着工资率的弹性大小而波动。而如果在各个部门中，所有工业界的变动都完全一致，这显然就是正确的推论。即使这种变化不是完全一致的，但只要各部门中的劳工流动被禁止了，这显然仍是正确的结论。

然而，在实际环境中，相对变动将会发生在不同的工业部门，加之劳工流动性（工人受经济引诱的影响，从某一地点或某一职业向另一地点或另一职业流动的难易程度）又不完整，因此，问题就不这么明显了。理由是：某种程度的工资率刚硬性与某个地区变动相遇时，劳工流动性就会被刺激。因此，从长远来看，失业量会比工资弹性更大时少。但如果我们假定一般人对于组织劳工流动的问题感兴趣（现在我们大有理由这样假定），因而通过劳动交换所等机关来加以推动，这种刺激就会因此种力量而无法再发生作用。如此一来，我们就有把这种修正条件置之不问的把握。这样我们就可以得出一个普遍的结论：在劳工需求量变化的情况下，工资率愈缺少弹性，失业量愈大。

最近发生的有关英国与德国各自现行的正常失业量比较的讨论中，对于上述结论，一个有趣而实际的说明可由其中的某些部分提供。对于这两个国家，我们无法判

流浪汉以打牌消磨时间。摄于1910年。

断哪个国家的失业现象更为严重，因为两国没有在类似的基础上搜集统计资料。但事实证明，我们可以在一方面分析出某些因素，从另一方面分析出另一些因素，说明这些因素可能会影响这两个国家比较严重的失业现象。

最近，英国商务部在分析这些因素时提出一个报告，其中有这样一段：“德国工会的标准工资率不像英国流行这么广。因此，工人更能接受工资比以往低的但相对自由的工作，此种情形在萧条时期尤为如此。因此，他们就可能更快地恢复就业，从而将工会会员的失业百分比降低……”[①]有一个简单而令人信服的客观教训存在于这一比较中，能充分说明工资率弹性对减少平均失业量的好处。不过，在统计方面，这话还存在一些不确定性。需要注意的是，这种弹性是指变化的可能性——根据劳工需求量变化的可能性。

任何特殊工资率系统中，在我们研究决定弹性程度的因素时，最好还是先谈一谈某一普遍妨碍弹性的情况，广泛地说，即一切现代国家所采用的本位货币的购买力都

① 《英王致议会命令》第4032条第211页。

是可变的。我所指的当然不是某一特殊商品的价格时常发生变动，这种变动是工业变动的必然结果。我所指的是物价经常发生变动。这是可购买的货物的总价值相对于金镑来说发生的变化，而不只是小麦和铁的价值相对于金镑来说发生的变化。总之，在不同时间内，1金镑所能支配的一般物资量不同。

假设这一条件能被每个人充分地理解，我们在这里提到这一点就毫无意义。关于这一点，大部分人其实都不能理解。俗话说得好，黄金和白银是人们所想的，它们能购买的东西则不是。上述变动的结果，若刨除不想在此讨论的某些经济摩擦的复杂后果，是很容易看出来的。假设黄金供应的减少使货币的一般购买力提高，那么在一般情形下，以货币表示的劳工需求量都将普遍降低——除了在某种工业中，以商品表示的实际需求量以相等或更大的规模同时扩大。有些工业，其用商品表示的对劳动的实际需求保持不变。如果我们对此稍加注意，就能弄清这一问题了。

在这种情形下，如果企业主在发生变动以前雇佣1万人而愿意每周支付给每人30先令的工资，那么此时雇佣同样数目的人，则愿意每周支付28先令的工资，而此时支付28先令所能支配的商品和劳务的量完全等于以往支付30先令时所能支配的量。对于当前的事实，受到影响的工人倘若有充分的理解，就会明了此时物价降低了，以至于物价未降低之时的30先令的工资就等于这时的28先令的工资。因此，他们就不会反对降低名义工资的提议，除非他们能提出要求增加实际工资的理由。遗憾的是，当前的事情工人是不会理解的。同其他许多人一样，工人们看问题仅仅通过货币所代表的名义工资，而不是透过名义工资来看它所代表的实际工资。因此，当工资由30先令降低到28先令时，他们觉得这是经济景况恶化导致的必然结果。也因此，他们就会反对降低工资之举，致使工资率不能根据劳工需求量做适当调整。换言之，妨碍工资率弹性的潜在因素会是本位货币购买力的变化，这是因为一般趋势都是通过货币来看问题。在第八章，我们将会说明这种可变性也是促使实质劳工需求量发生变动的因素。

关于这方面，我们还要提出一些使本位货币稳定的提议。我们接下来要谈的是另一妨碍弹性的因素，而对于上述问题（一些使本位货币稳定的提议），我们不打算再深究。这一影响因素甚至是在一个拥有绝对稳定的本位货币的世界里——如果可以想象得到这样的世界——仍将存在。这一点很容易说明。因为企业主和雇工的关系不协调，因此，这会推动雇主和雇员两者都努力争取直接对各自有利的更大的工资刚性。所以，在萧条时期工会就会反对降低工资率的企图。他们担心降低之后就很难再提高了。而经营有起色时企业主反对提高工资率，则是出于“将来要降低工资时会遇到同样的困难”的考虑。企业主和雇工间的态度如何，决定了这一因素起作用的程度。一旦占优势的是敌对和不信任，就会很少出现适当的工资变动，即使出现也必须经过一

经济大萧条下的一角。美国银行破产后，一群储户正冒雨在银行门口抗议。

番周折。但是以上所说的因素的力量也有大部分被摧毁的可能，那就是互相忍让较大时。

这一讨论牵涉到了这一问题的另一方面。当企业主和雇工之间保持良好的关系时，某种工资调整机构就会体现出他们之间主要的协调精神。这种机构能够消除一部分有害于弹性的因素。一般来说，这种机构都是调整企业主与雇工之间分歧的基本机构中的一部分。我们将在第九章对此再次加以讨论。在此，指明这样一个事实足矣：有时候，在企业主与雇工之间成立的委员会，仅仅是解决临时事件的机构，但常设机构更为常见，其中包括双方数目相等的代表。定期修正该工业中流行的一般工资率，是该委员会的工作之一。修正时，双方有权选择是否接受仲裁员的帮助。在这种机构的作用下，人们才获得了一系列的劳资协议，并通过劳资协议根据经常变化的劳工需求量来调整工资率。在现在和将来，这种机构都可以发挥作用。因此，双方在时机来临时不愿做适当让步的犹豫心理由于该机构的存在而减少了，再加上该机构能提供一些保证，因此，人们在时机过去后，也不至于过分地反对撤销让步。然而，由于“它要求有一个中立的主席来做仲裁”，很多时候，这种机构笨拙得难以开展工作，对主席人选的忠实与律己方面也提出了更高的要求。

由于通过仲裁方式可能使一方从另一方手中得到一种报复性的裁决，所以除非在相当长的时间间隔内，否则这种机构能使工资调整机制稳妥发挥作用的状况就会很少见了。如此一来，每一个协议都可能是为两年、三年甚至五年制定的。如果双方中的一方提出重新召开会议，就只有等到这种原定时期过去以后了。假设协议采用的是裁定书的形式，规定了一种固定的单一标准工资率，那么工资在这种工资率下，每经过两年或三年也会一度变得有弹性。不过，对协议原定时期内发生的劳工需求量的变动来说，这种弹性却不存在。

人们为了更加完善，有时会做出更复杂的协议来拟定按产品价计酬法，而放弃使用固定的单一工资率的协议。在英国的金属制造业中，这种办法特别流行。在讨论这种措施时，人们无形中假定：一旦引用这种尺度，有关工业的工资的调整就会永远成为它的一项“工作”。我们很容易在这种假定下证明，发生巨变的制造方法，几乎必使这种尺度下订立的工资率无法适应当时的经济条件，它已变得十分荒谬。所以，韦伯夫妇对整个的按产品价计酬法表示反对，他们说：“我们并没有确切的理由可以说明，当生产方法得到改进、减少了运费、商业组织进步、企业风险减少、减轻了工业税或其他负担或降低了利率（这一切都将使物价降低）后，工资劳动者会自愿减少自己的工资。”[①]对于打算长期使用的按产品价计酬法而言，这种批评是完全正确的。可如果它只作为一种特殊的劳资协议，这种批评就说不通了。其实，严格来讲，按产品价计酬法本来只是一种特殊的劳资协议，事实上的确如此。它可做定期修正，而且唯一与较简单的协议不同的是：工资率在协议保持不变的2～3年中不会绝对固定，而会根据一个固定的标准每2～3个月有小幅度的变化。

通常，按产品价计酬法的一般原则如下。一个标准工资应在体现其精神的劳资协议有效期内确定，当有关工业产品价格处在某一水平时，就按这一标准发放工资。而当产品价格脱离这一标准，或是脱离的程度超过某一协议量，就要拟定按产品价计酬法，借以对工资率随着产品价格的变化应发生的变化进行说明，同时工资也应脱离标准工资。这是一种最简单的按产品价计酬形式。有时候，产品的价格并不是工资率变

① 参看韦伯著《论工业民主》第577页。

1868年3月20日发生在肯塔基州的银行抢劫案，金额高达1.2万美元。

动所依据的唯一指数，单位产品的价格减去该产品在制造中应用的原料价格，也是一种依据指数。有时候，人们会制订出一个条款，规定不论价格怎么变化，都不能使工资率低于某一最低值。另外，人们对最高和最低工资也会制订条款、做出规定。

随着环境的变化，按产品价计酬法的详细内容将发生很大变化，但其主要内容是相同的，即制订一种指数（无论是产品价格的指数还是更复杂的指数），某一工业中劳工需求量的变化与它的变化大致相符。做到这一点，就能把工资上的各种变化直接同这种指数的变化或者说劳工需求量的变化相联系。按产品价计酬协议不同，和产品价格（或任何其他选定的指数）的某一变化相平衡的工资变化范围自然会有差别。若将其他因素剔除，劳工需求量的大小就会决定这一范围的大小。劳工需求量和指数的一定变化是互相关联的，这已被经验证明。

下面是关于这种协议的一种叙述。

位于克利夫兰区的钢铁冶炼工人在调整工资时，根据的是1910年发表的《关于集体协议的报告》，这类协议的一般性质由此可以说明。该协议是1897年11月订立的，有效期截止到1900年9月30日。此后任何一方若想声明终止协议，都可以在3个月前随时提出。其中规定："每三个月，会计员（钢铁厂主选出一人并支付工资，其余由冶炼工人选出并支付工资）从指定的7个厂的账目中，确定第3号克利夫兰生铁三个月以来的发货价格。如果每吨售价34先令，且不超过34先令2.4便士，便按标准工资率发放工资。一旦每吨售价低于或者超过34先令，每降低或增加2.4便士，冶炼工人的工资就有0.25%的浮动，即从标准工资中减去或增加该浮动部分。但有一种情形不在此列，即每吨售价在40～42先令之间时。但是协议规定，当每吨售价达到40～41先令10.8便士时，售价每增加1.2便士，冶炼工人的工资会在标准工资的基础上增加0.25%。不过，冶炼工人的工资在每吨价格达到42先令以后，就将恢复工资与价格间的正常关系，即每增加2.4便士时就增加0.25%。”①

当然，我们无法指望，任何自动的安排能使工资率连续而又完整地遵照需求条件的变化进行调整。对以上各点，人们马上就会反驳道：不应依据三个月以前的价格制成需求指数的价格，而应当依据当时的价格。对这一反对意见，我们完全可以答复。理由是，只有经过一段时期，产品价格的变化才会对有关工厂的活动产生影响。但有力的反对理由还有很多。因为，对于有关工业中劳工需求量的变化而言，制成品价格的变化，甚至是这种价格和制造过程中所需要的主要原料的价格之间的差别，仅仅是一个很不完整的指数。诚然，在计算指数时，若可以将每一种原料的价格以及制成品中所加入的每一种劳动的价格计入，就可消除很多造成这一指数不完整的原因。

然而，人的生命有时是短促的，正像可用资料的范围一样，会计员的恒心也是有限的。在煤矿类工业中，最高月份的煤价决定了对采煤劳工的需求，原料和辅助工劳动力的价格却很少能起到决定性作用。因此，必然存在的物价指数不完整的情形在此种情况下起不了多大作用。可是，依旧会到处存在这种不完整性。在复杂的工业中，如果制成品的某一特殊等级的劳工起不到很大的作用，不完整的情形将具有决定性的意义，我们必须承认并强调这一点。但同样应当强调的是：在应用期间，按产品价计酬法怎样不完整地使工资与劳工需求量的变化相配合，有多少种主要因素会影响劳工需求量，都是这个自动调整公式所不能说明的，但只要聪明地拟定这一公式，我们就可以断言，比起适应于同一时期并订立固定工资率标准的劳资协议，用这种公式对工资进行调整，工资更符合劳工需求量的变化。②

虽然不可忽视这一结论，但我们可从“一般按产品价计酬法中所公认的缺点”中认识到：在某种较不机械的方法下，不应完全根据价格指数的变化去看待工资率每两月或每一季度的变化，同时，其他有关方面的情形也不应当作为依据。这种方法如能

① 《英王致议会命令》第5366条第21页。

② 关于按产品价计酬法的详细讨论，参看庇古著《工业和平的原理与方法》第2编第3章。

1934年，伯明翰亚拉巴马州煤矿工会的工人正在举行罢工。亚瑟·罗斯坦摄于1937年。

办到，就将具有某种好处。相应地，弹性协议，不管其他结果如何，将可能带来工资率对劳动力需求变化的弹性的增加。

1902年的《苏格兰协议》（有些部分保持了很长时间，一直到1907年都没有发生变化）中有一条这样的规定："目前，决定工人工资最高额和最低额的，不仅是当前煤炭出井售价的平均净值，还有煤矿业的现状以及前景。在当前情况下，工资在1888年的基础上相应地提高或降低6.25%的办法，在每吨煤价提高或跌落4½先令时是合理的。"[①]同样，1906年在英国达成协议的主要内容依然实用。其中规定："煤炭售价的变化，只能作为委员会做出决定时所依据的一个因素，而不应是唯一因素。虽然售价有变化，但任何一方都可以提出理由，主张工资率不做任何变化。"[②]如果双方都能以协调的精神实行这类安排的话，与按产品价计酬法协议相比，其能使工资率获得更大的弹性，更不用说与固定工资协议相比了。在各种安排下，工资都不能自动地调

① 《英王致议会命令》第5366条第32页。

② 《英工致议会命令》第5366条第27页。

整，而需要通过商定的办法加以调整。这足以说明，只有在劳资关系特别协调的工业中，这种办法才能成功。

阐述至此，我们还要谈论一个相关问题。我们从上述分析中可以附带地看出一点：工资率的变化之间至少要间隔2～3个月，不管是纯粹的自动尺度还是参与协商的尺度。在某种程度上，这种事实由于工资变化全部或部分地根据物价资料，倘若做更频繁的确定，增大开支或发生的机构方面困难是在所难免的。我们有理由认为还存在影响更深远的因素，它们也在发生作用。

企业主方面保证以协议价格来发售货物，所以若工资率不断地发生变化，企业主将会遇到许多不便或不肯定的情况。同时，如果工人想要在继续被雇佣的时间内维持一个稳定的生活水准，他们也会遇到许多不便或无法确定的情形。鉴于存在上述问题，企业主和雇工们为了避免出现不利情形，都希望工资制度不随劳工需求量的任何变化而波动，为此他们宁愿硬性一点。对于小量的失业，虽然这种硬性会不可避免地负起责任，但全面来看，其还是有利于社会的，因此其被消灭的可能性很小。如此说来，虽然可通过许多途径令企业主与雇工之间的关系变得融洽，使组织变得日益有效，更可能增加工资率的弹性，但实际上，完整的弹性以及通过完整弹性彻底消灭失业的问题是绝对达不到的，这一点可以肯定。

第七章

劳工需求量变动的原因

我们在前一章已经说明，如果一国劳工需求量的变动幅度已知，而其他条件不变，平均失业量就会随着该国工资率弹性的大小变化而有所差别。在此，我们必须假定已知工资率的弹性，然后对劳工需求量的变动幅度增减时产生的影响进行观察，进而保障维护工资率的体系。

首先，为了便于探讨，我们必须为变动性质这一不易捉摸的概念选定一个标准。在这方面，我们肯定会遇到这样一个事实，即可以采用许多不同的标准，但实际上，没有一个标准能算作最好。对于某些目标，可能某个标准较好，但对另一些目标来说，可能有比这个标准更好的。用途决定了选择。

在进行这一讨论时，我要么出于简单的考虑，要么出于无须解释的考虑，将一贯采用这一定义，即：全部时间中（根据同一正常的工资率）的平均劳工需求量，同该地在繁荣时期或萧条时期的平均需求量之间的差额，决定了任何分立劳工需求中心的劳工需求量的变动性质，因此，在任何中心，假定需求量平均是10 000人——较好时期是11 000人，较坏时期是9 000人，那么该中心的波动性质便可以确定为1 000人，某一分立中心劳工需求量的变动性质具有何种意义，由此即可说明。假设扩大该名词的应用范围，不只用来说明一个分立中心的需求量，而是用来说明包括若干不同中心的全国需求量，那么，把构成全体的各中心的数值加起来，就能对总的变动性质加以衡量。例如，某一国家有1 000个中心，每一中心的需求量变动性质的数值是1 000，则1 000人×1 000就是全国需求变动性质的数值。①

根据这些定义，我们可以进行观察，看劳工需求量变动性质的大小幅度会对平均失业量产生什么样的效果。我们将在第十章中看到那些跟劳工流动性有关的条件，都能极大地修正变动性质的任何已知幅度所产生的效果的量。然而，我们没有理由认

① 如果某一工业在相继各时期内，根据平均工资率的劳工需求量是

$A+a_1$，（$A+a_2$），…，（$A+a_n$）（A是平均值），而另一工业的情形则是$B+b_1$，$B+b_2$，…，$B+b_n$（B是平均值），第三种工业的情形是$C+c_1$，$C+c_2$，…，$C+c_n$，C是平均值，那么，根据所说的定义，这三个工业中劳工需求量的变动性质便应以如下公式表示：

$a_1+a_2+\cdots+a_n$）/n +（$b_1+b_2+\cdots+b_n$）/n +（$c_1+c_2+\cdots+c_n$）/n。

一名男子睡在纽约的码头。三件套的西装和旧大衣表明他以前是白领阶层。

为，这种条件会修正效果的质。诚然，可以肯定的是，假设各中心的总需求量是绝对稳定的，那么任何量的变动性质所产生的失业量都会因有了完整的流动性而化为零。可这只是没有实际意义的极端情形。撇开这种情形，若我们能证明某一流动条件下产生失业现象的原因是变动性质，就可以断言，在任何其他流动条件下，它也是产生失业现象的原因。因此，我们只要集中精力讨论一种罪简单的情形——没有任何流动性的情形就够了。

如果我们设想在劳工需求量的暂时变化上，各分立的雇佣中心是绝对孤立的，那么，属于某一中心的工人绝不会在两个中心的营业状况相对发生变化时迁移到另一个中心。既然在此不讨论人为工资增加的问题，那么，“从长期观点来看，这些中心是互相关联的”也被同时假定了。换言之，假定自由竞争决定了附属于每一中心的人数，其采用的方式是，每一中心为青年人提供的选择职业的机会基本相似。我们从这些假定中会很容易发现，在变动大的中心，较困难的工作的平均工资率应当比变动小的中心稍高一点。这是因为，应该在职业不稳定时付出一些额外的工资作为补偿。其结果是，在繁荣时期和萧条时期，根据这一工资率找到职业的人的平均数基本与每一中心所吸引的工人人数相等。如果弄不清这一命题，可以看看下面这个例子。

如果在繁荣时期，某一中心的企业主在某一特定工资率下需要1 500人的劳务，而在萧条时期仅需要1 000人，那么事情就很明了了，一种足以吸引1 500人到中心来的工资率，他是绝对不会订立的，因为在一段相当长的时期后，他就无法再给好几百人提供工作岗位了。不过，他也不会订立过低的工资率，以致只能吸引1 000人，因为在这种情况下，他自身将会在相当长的时期内不能获得充足的可以利用的劳务服务。他折中地采取一个中间的工资率，以吸引一个中间数目（如1 200人）的劳工。这一数量由经济繁荣时期的劳动力不足所产生的损失与经济萧条时期的不必要的高工资所产生的损失的大致平衡所决定。由于适当地超时工作能够解决人手紧缺的问题，故我们可以假定，这个中间数目将少于最大需求量与最小需求量的中间量。也可以说，在全部工作时间中，根据平均工资所需要的平均人数约等于属于任何中心的人数。

我们依据这些假定很容易看出，失业（假定平均工资率不被人为地提高，是本章始终坚持的）不会发生于某一在正常时期和繁荣时期占优势的中心，但失业现象会在萧条时期出现。此时，整个经济周期中所需求的平均人数与该萧条时期需求人数的差，就等于失业人数。由于经济繁荣时期的劳动力需求高于整个经济周期中的劳动力平均需求量的部分和经济萧条时期的劳动力需求低于整个经济周期中的劳动力平均需求量的部分，在总体上必须是平衡的，所以每一中心在大约半个经济周期内可能存有的失业量等于该中心在整个经济周期的劳动力平均需求量与经济萧条时期的劳动力平均需求量的差额（由于加班的影响而对劳动力需求进行的某些轻微修正除外）。如果你是一个具有数学头脑的读者，在这种情形下就能看出：倘若把一个时期和另一个时期放在一起比较，各中心在全部时间内的平均需求量同萧条时期的平均需求量差额的一半，就等于所有需求中心的失业总量。其数值基本与全国劳工需求量变动性质数值的一半相等。关于变动性质的数值问题，我们之前已做了说明。

上述内容可能会使某些读者迷糊，但下述结论很清楚：假设其他条件不变，一个国家的劳工需求量变动性质愈大，其平均失业量就会愈大。

本章主要辨明和讨论的是决定变动性质的几类主要原因。但在此之前，有一个重要的附带条件我们最好先讨论一下，该附带条件是由储存商品的方法形成的。在很大程度上，这是对劳工需求量变动性质有影响的因素且起着决定性作用，不管这一因素是由什么原因引起的。很明显，企业主对劳工制成的产品的需求量的变化，多会导

经济大萧条期间，一名男子从国际苹果运输协会获得了苹果。摄于1930年。

致在任何地方和职业中劳工需求量的变化。企业主预计别人对商品需求量所要产生的变化，多会导致前一种变化。倘若企业主愿意在公众购买量小的时期制成储存品，以备在购买量大的时期出售，那么相比于旁人劳工需求量的变化，其劳工需求量的变化更小。一言以蔽之，许多其他促成变动原因的影响，都可能因储存商品而被抵消。因此，理清决定雇主对这种生产习惯的态度的不同影响因素是非常值得做的。

其实，有些种类的商品是不可能储存的，比如乐师、医师、汽车司机与电车司机的直接劳务。而有些可以储存的商品，因储存成本高昂，因此严格地说，同样无法储存。比如煤气、电等商品，它们占的体积很大且价值较小。另外一些极易损坏的商品也是如此。除了这些，一类式样不断变化的商品、一类本身容易保存但就价值而言却无法保存的商品，和一类如舞蹈服等只能由个别购买者订制而不能制成标准形式的商品，同样是不适于储存的。与它们相对立的是大量稳定的标准化商品。这些商品坚固耐久，不易损毁，大量贮存的费用不高，不受式样变化的影响。在滞销时期，储存它们对企业主大有好处，且没有风险。这类商品，倘若在制造过程中暂停后需要花费巨额开支才能重新开始制造，那么将有更大的利益会从储存成品中诞生，鼓风炉就是这

1900 年巴黎世博会全景，其中包括里昂火车站奥赛车站、亚历山大三世桥、拉鲁什大宫和小宫。

样。由此，一种商品是否适于储存就可大致分辨出来了。值得注意的是，这种分别既非硬性的，也非永远的。

以往不能储存的商品，随着近代工业的发展而不断变为可储存的商品。比如，以前某些容易腐烂的食物，如今因为冷藏法和其他保存法的出现而能长期储存起来。冷藏法出现后，可使某一季度收获的酒花储存到下一季度，它们的保存期限被延长了。如此，到坏年成时，好年成时的收获物就可以拿出销售了，但在50年前做到这些是不可能的。此外，由于机械性能得到改良，以往某些需单独订制而无法储存的商品也越来越标准化了。以制鞋业为例，当机械操作代替了手工操作，晚期几乎全部制成现成商品的情形随之替代了早期绝大部分订制的情形。这些普遍的原因非常重要。是何种原因决定了一个国家的劳工需求量变动性质，我们暂且不论，但一旦某国工业产品中可储存的商品较多，那么显然，该国劳工需求量变动性质的数值就较小。做完初步讨论后，我们就能考察决定劳工需求量变动性质的某几大类基本原因了。

首先，两类所谓散乱和零碎的原因，是我们应当注意的。这是因为，它们在工业界的某一部分中或另一部分中往往会毫无规律、毫无联系地突然爆发出来。对于生产某种特殊产品的许多工厂，这两类原因中的一种会分别产生影响。个别厂经营管理技术上的变化，以及各厂特殊主顾完全偶然性的订货等因素，都会对这些劳工需求中心的劳工需求量产生影响。对于各职业中心，这类因素会产生完全独立的影响。

虽然“它们所引起的需求量的变化都属于同一性质”是我们无法假定的，但是“这些原因在有关区域足够宽广的情况下，大致上会互相抵消”这一点我们是可以假定的。因此，其他地方几乎相等的畸形高额需求量，很可能会抵消这些原因在某一时候和某些地方所引起的畸形低额需求量。工业改变的基本变化，则是由另一类偶然因素引起的，其中包括：人民嗜好的改变、机械制造知识的改变以及对于制造某种特殊产品可取得的原料的知识方面的改变。这些原因通过对不同工业劳工需求量产生影响，而对整个工业的劳工需求量产生影响，而不像前一类一样，只影响同一工业中某些个别厂的劳工需求量。不过，它和前一类影响有相同的地方，即对于不同点，它们的影响都是独立的。因此，在一个时期，若某些工业的劳工需求量由于某些原因而减少，而在其他工业中劳工需求量因别的原因大致相等地增加，结果就是互相抵消。

关于这两类主要原因，以上只是一般的叙述。为了便于继续讨论，最好先提醒一句：通常的观点认为，引起失业的最大原因是第二类原因（引起工业改变的原因）。的确，这种印象在某些情况下很容易让人联想到它们产生的情形。新发明的机器致使一个优秀工人辛苦学来的技术变得无用，不言而喻，这是机器进步带来的后果。但是，我们不能怀疑因工业改变而造成的特种劳工需求量的变化，仅在劳工需求变化总

20世纪开始采用的12马力双缸发动机的敞篷车。

量中构成一个比较次要的部分——至少对我们所讨论的劳工需求总量而言，只构成一个比较次要的部分。这是因为，这些工业以激烈的或毁灭性的方式发生改变是很少见的。当新的工业借助机器发明或其他原因而替代旧的工业时，这种替代过程往往是渐次发生的，其劳工需求量每年只减少很小的量——劳工需求量也是渐渐减少的。因此，如果比较工业改变引起的劳工需求量的变动和其他方面原因引起的劳工需求量的变动，无论在哪一年，前者在变化总量中都只占一小部分。这并非全部情形。

对于我们目前的讨论而言，可能在大小方面相等的某一需求量的缓慢变化和迅速变化，其实并不相等。因为解雇的方法可以应付缓慢的变化，改变新一代工人流入工业的方向也可以应付缓慢变化。这一点的重要意义，已被A. L. 鲍利教授的某些统计研究说明。1904年时，他在研究了前三年人口调查中所发表的职业统计数字后，写道："从总的数字上来看，任何人都无须改变自己的职业来适应主要的变化，只要改变新手的供应即可。若铁道和煤矿方面的职业或公共汽车司机、马夫和园丁等职业成为在乡村长大的儿童的选择，若约克夏和兰开夏的儿童从事自行车业、机器制造业、造船业或者在城里当会计，而他们的父亲在毛纺和棉纺业就职，那么各行业的人数就会像人口调查数字一样分配了。这种变化看上去很可能已经发生了。只有农业方面的实际值减少得比较多，这可能是老人死亡而没有新手代替导致的。”[1]这说明工业改变引起的劳工需求量的零星变动并不重要，但这并不是我引用这段话的目的。事实上，这种变动的确很重要。但它们的重要性还是比不上以下要讨论的两类原因所引起的某种劳工需求量的规律性变化。

这两组原因的基本特征与其说是它们表现出来的周期性，不如说它们不像刚讨论过的随机原因那样独立地作用于不同中心的劳动力需求。凭借最方便的划分法，季节引起的气候变化包含在第一类原因中。显然，这种变化具有普遍性。它会同时对地球上某一地区的所有地方与所有行业发生影响，而不会对不同地方和不同行业分别产生影响。所以，不会出现其影响范围杂乱的情形。每一个地方都会因气候以某种确定的方式发生变化而有确定的反应。就全国各地同时进行工作的某一行业而言，所有中心的劳工需求量会由于某一中心劳工需求量缩小或扩大的变化而缩小或扩大，但就不同的行业而言，同样是某几种气候上的变化，却会在导致某些行业需求量增加时减少另一些行业的需求量。比如，进入冬季后，全国各地人工照明和人工升温方面的工业劳工需求量增加，而在露天下工作、容易受霜冻和潮湿气候影响的工业（如建筑业）的劳工需求量会减少。反之，进入夏季后会有相反的情形出现在这两类工业中。此外，成衣、旅馆、餐饮等服务业也会间接地因季节变化对公众生活的影响而受到影响。总之，劳工需求量缩减，一般看来，是由寒冷的季节引起的，劳工需求量因它减少的范围要大于因它增加的范围。温暖的夏季则与此情形截然相反。

对于上面所说的第二类规律性因素，我们简称为“工资基金的周期性变化”。此类因素如同季节变化一样具有普遍性。对于较宽广的领域，它们以一种确定方式同时产生影响，但它们有三个方面不同于季节变化。

第一，从效果上看，它们产生影响的时期更长，且规律性更弱。这是因为，它们是在7～11年不同长短的时期中完成的，而非一个固定的时期（如一年）内完成的。

第二，较之季节变化的影响，它们的影响范围更广，大多数工业都处于其影响范围之内。

第三，某些工业的劳工需求量会因季节变化而扩大，但其他工业的劳工需求量会因季节的变化而缩小。不过，这些原因似乎永远是以同一种方式对所及的全部工业产生影响的。

总之，普遍扩大和普遍缩小都因它们而存在，否则它们的性质就不会因为这种叙述而全部展现出来。此外，它们还具有一个更重要的突出特点。前文已述，对于所

---

① 参看鲍利著《我国在财富和商业方面的进展》第1～2页。

俄亥俄州中部，一个站在马拉货车上的农民把小麦叉进固定式脱粒机的进口，车上装满从附近田里割下来的小麦。摄于1938年8月。

有工业，它们都朝同一方向产生影响，可影响的程度不同。与其他工业相比，其在工具制造业（即制造其他工业需用的工具与机器的工业）中所引起的劳工需求量变化更大。总体来讲，有以下两个原因。第一，总工资基金的周期变化意味着投资的变化。而体现投资的商品，自然会因投资的变化而受到影响。显而易见，这些商品大部分是厂房、船只、机械以及各种等级的钢铁制品和机车车辆等工具商品。第二，较之一般直接用于消费的商品——食物、衣着和许多其他个人所用的商品等，此类商品损坏得更慢。因此，通常来说，不管在哪一时期，此类商品的储存量都要大于年产量。

在这一情形下，就会出现一个很重要的结果。如果在两个时期之间小麦的需求量可能增减10%，那么类似程度的增减也会发生在生产新小麦的需求上。可是在两个时期之间，若船舶、机器或机车的需求量也同样增减10%，那么大于10%的增减比例就会必然出现在生产新船舶、机器或机车的需求上。存货只是产生这种较大变化的一部分原因，另一部分原因是繁荣时期增加了存货，从而导致在随之而来的萧条时期初步供应量扩大。对新产品的需求必将因为这种扩大而缩减。但很显然，劳工需求量与新产品的需求是相关联的。

依照以上所述，我们很容易看清生产工具商品的工业因总工资基金的周期变化而受到的巨大影响。在此，所能得到的结论自然如此：如果一个国家的大部分资源都被用来制造这类商品，那么其劳工需求量的变动性质会特别显著。由此可知，如果一个国家集中力量于制造工具工业，那它必然会背负更重的失业负担。

第八章

总工资基金的周期变化

我们在前一章的后一部分中讨论过一类对于劳工需求量变动性质产生影响的原因。对于这一类原因，我们都同意将其称为“总工资基金的周期变化”。此时，应该指出的是：这一周期变化本身，可能是另一些原因的结果。在没有对这些原因的性质做说明以前，我们的解释必然是不完整的。由此，我们必须对一个新问题加以推敲。这一新问题既困难又很重要。困难表现在，对于这一原因的正确解答，专家们各执一词。它的重要性也同样明显，只有先发现这些变化的原因，才能将其消除。而消除这些变化的结果就是减少平均失业量。这就是本章谈论的核心问题。

第一个问题：为什么会发生这些周期变化？或许能这样解答：在任何时期内（根据某一工资率），某企业准备用来购买劳动力并使之在未来生产商品的资金量，与其准备进行投资的资金量大致相等。这一点由两种因素决定：①该企业所能取得的实际收入量；②在投资与其他用途之间，这种实际收入的控制者的选择。目前来看，仓库与商店为将来的消费而储存的商品是其他用途中最重要的。

通常，一个国家的总工资基金会由于实际收入量的增加而增长。同时，对于未来投资，实业界人士所抱的任何乐观看法也都有同样的效果。相反，总工资基金会由于实际收入量的缩小和实业界人士悲观看法的增长而减少。但天然富源的变化决定了实际收入的变化，而实业界看法发生的变化决定了他们信心的变化。乍看起来，这似乎是独立的两类变化，还会使两系列发生独立的因果关系，可事实上它们往往联系在一起，天然富源的变化导致看法的变化。

在仔细地研究美国的谷物收成对实业界的影响后，皮亚特·安德鲁教授得出结论：“对以往40年的历程进行回顾后，谁都会看出：任何实业繁荣的开端和每一次实业萧条的转折点都同农业收成密切相关。应当指出的是，延续数年的危机的实际开端往往是上述变化。”[①]对于这类关联，皮亚特·安德鲁和威廉姆·斯坦利·杰克·文斯先生都认为其是一个确凿的事实。遵照一般的推理，我们也认为这似乎是应该发生的事实。这是因为，人们的判断时常受个人感情因素的影响而发生偏差，这是我们比

① 参看皮亚特·安德鲁《经济学季刊》（1906）第351页。

在参议院银行和货币委员会听证会上的证人和参议员。摄于1933年5月26日。

较常见的经验。人们在繁荣时期看问题时往往只看光明的一面。因此，好年成直接或间接地增进实业界的财富以后，就会形成一种刺激，令人产生乐观的看法。由此可见，在某种程度上，演绎与归纳是互相证实的。

我们有理由得出一个结论：当某些情形被考虑之后，好年成增进了实业界的信心是可以被人们看到的。的确如此，在好年成下，以上分别提出的导致总工资基金扩大的原因，就会对总工资基金产生影响（上文已述，总工资基金会因实际收入的增加而扩大，也会因人们将收入进行投资而不是储存而扩大）。这两种原因，在年成特别好的时候会同时发生作用。我们有理由设想，在7～11年不等的时间内，这种好年成将重复出现——太阳的变化使得这种时期形成。倘若当真如此，杰文斯认为的“太阳黑子决定了终极原因”这一说法或许比近代某些评论家的观点更为可信。

当确定了总工资基金周期变化的初始原因（抑或如某些怀疑主义者所说的那样——这些原因虽然还没有被确定下来），还存在另外一个极具实际意义的问题。这个周期变化的幅度越大，显然，某一国家中劳工需求量的变动性质（即平均失业量的性质）就将越大。因此我们就要问：是什么决定了这种幅度？在此若因这个问题太大而无法讨论，我们就要问：这一问题是由哪些社会改革者改进的因素决定的？这些原因可以分为实业界的组织和现代的货币体系两大类。对于总工资基金的增减，这两方面所实行的安排具有极重大的影响。因此，本书有必要对它们做一些分析。

各部分间密切依赖的关系，是现代实业界的组织中最明显而又值得重视的特性。从某种程度上说，这种依赖纯粹是一种心理现象。其实实业界人士是联系密切的团体，他们有着相当惊人的乐观与悲观情绪的传播力量。通过信贷关系这个实际的纽带（主要是通过该纽带），这种心理现象得以传播。因为，借助他人的资本开展经营活动在现代企业中已经十分普遍。“不但实业界人士和隐名的资本家之间存在借贷关系，不同的实业家之间也同样存在借贷关系。其实，绝大多数厂商都有着债务人和债权人的双重身份。他们用赊欠方式从某些人那里买来材料，欠下一笔债；同时，又把自己的制造品以借贷的方式卖给另一批人，这等于贷出一笔债。举个例子，有A、B、C、D四个人，他们分别既是前一人的债务人，又是后一人的债权人。”[1]

也就是说，原料制造商是成品制造商的债权人，可又是银行的债务人；成品制造商是批发商的债权人，同时又是原料制造商的债务人；批发商是零售商的债权人，另一方面又是成品制造商的债务人；零售商是赊账消费者的债权人，但又是批发商的债务人。这种来自实业界各部分之间的紧密依靠关系会产生一个结果，即一般而言，某一个投资者的乐观看法不会同另一个投资者的悲观看法相抵消。相反，某时这一互相联系的整体会一致产生信心，但在另一些时候也会一致产生恐惧，这一情形本身就意味着大规模的变化将要发生。不过这尚非全部情形。

还有另外一个重要结果是，普遍危机的危险会由某些少数厂商开展冒进的贸易产生，因此实业界的主要部分可能突然会从乐观主义的高峰坠入怀疑与过分拘谨的深渊。由此观之，在某种程度上现金交易制度若能代替目前实业家之间的信用交易制度，或信贷的平均时长会因实业家之间的信用交易制度减短，就必然会缩小总工资基金上下摆动的范围。

然而，还有另一个问题需要我们考虑。即便已知某些厂商在营业中持保守和冒进的程度，以及各厂商之间互相关联的关系，可这两种情形都不能完全决定从乐观到悲观的变化。在很大程度上，银行的政策和实践会对它们的变化范围产生影响。因为某些冒进的投资家会由于银行这类机构的“有权帮助”而走向危机的道路并最终破产，

① 参看庇古《财富与幸福》第401页。

底特律工人在新成立的克莱斯勒紧急银行柜台前排队，其中一位是当时的市长弗兰克·墨菲。

此外，其他人也会承受更严重的后果。当危机发生时，对于某些确实有信誉的厂商，银行也有力量将其从普遍的灾难中挽救出来。这些厂商的资源被封闭起来了，除非得到暂时的援助，否则将在大风暴面前垮下去。

白芝浩正因为认清了这些事实，才向英国银行提出一个有名的忠告："停止恐慌是我们的目的，我们的垫款也应当尽量停止恐慌。关于这一目的，两条法则可以遵循：第一，只有在高额的利息下，才能贷出这些贷款……第二，纵使在高额的利率下，也只能在良好的银行担保上提出这种垫款，同时数量应当同一般的要求量一样大。"[①]英国银行界公认的一种办法，就是白芝浩在这段著名论断里提出的政策。总工资基金的变化范围之所以能得到极大限制，恐怕就是因为间接地受到了这种影响。

我们接下来讨论"现代货币体系对总工资基金变化范围的影响"这一问题。依据此时的情形，按照货币购买力标准在任何地方进行交易，已经成为一种常态。对一般商品来说，由于需求量不同，货币购买力标准的价值也会发生变化。

实业界人士在借款时，立约规定支付利息，到期后按数偿还货币。但在工业活跃时，因为企业是以银行贷款来进行投资的，而借款又都被用来购买原料和雇佣劳工，因此，一般物价就会增高——超出正常的水平。换言之，镑的实际价值可能会低于以往。然而，价格的上涨此时可能并未完全被一般人预见到，在借款契约中也未做出充分的估计。因此，就好似被命运摆弄一般，实业界人士在繁荣时期牺牲了匿名资本家的利益却获得了额外的繁荣，这是因为，他们为借款实际要付的利息已经自动地减少了。可好处还不止于此。

① 参看白芝浩《伦巴第街》第189页。

在这种时候，他们若需继续借款，借款时的利息就将低于债权人同样懂得这种情势时所要求的利息——因为他们较之一般的债权人，对物价继续上涨的趋势能更好地预见到。由此可见，在工业活跃时，在旧借款与新借款两方面，实业界人士在牺牲债权人利益的情况下都可能获得一种特殊的利润。如此这般，比起在其他情形下，他们的投资和总工资基金都会变大。

根据同样的理由，我们很容易看出，实业界人士在工业萧条时期可能会遭受一项特别的损失，同时，债权人的利益在或大或小的程度内增加了。比起没有萧条景况时，他们的投资会削减更多，总工资基金也就会随之减少更多。可见，增加总工资基金变动范围的因素，即是一般价格的可变性或标准购买力的不稳定性。因此，若能采取一种抵消这种原因的措施，劳工需求量的变动性质就将在应有范围内减少，随之平均制业量就会减少。

为了实现这一点，将目前在主要工业国家中流行的金本位制，以复本位制或多种金属本位制取而代之，是许多经济学家经常主张的。我们可以证明，若这种通货通过国际协议在世界各主要国家中采用，在工业变动时期，一般价格会比现在的情况更少变化。不过，大部分人都承认，这种变革只能产生很小的改进。正因如此，又由于复本位制和类似制度实际所暴露出的实际操作的困难和不可避免的误解，因此在20年前主张这种办法的运动虽声势浩大，如今却已无声无息。所以，我们无须多加讨论这些解决一般物价变动的方法了。近期引起广泛注意的另外两种方法却是我们应集中讨论的。

杰文斯提出了第一种方法。其内容是，制定一个“物价指数制”。实业界人士将来牵扯到现金支付的契约应当获得允许并受到鼓励，依据这种物价指数签订。实际的通货在这种计划下将完全保持现有的水平。但某一个政府部门应逐月发表指数，1镑在某一时期和另一时期的比价，需以肉、小麦、棉花、铁等一般东西来表示。如果以100来表示1900年1镑的价值，当1910年物价上涨10%时，那么基本应以90来表示1镑的价值。就目前而言，若在1900年时，按4%的利率借了1 000镑，那么在借贷有效期内，每年应支付40磅利息，即1910年时贷款人应收到40镑。不过，这40镑所能购买的实际消费品，由于物价上涨的原因只等于1900年时的9/10。因此，若还以货币计算，利息还是4%，与以往一样，但若以实物计算（这是真正的利息，也是唯一起作用的利息），却在原来4%的基础上跌落了9/10。在订立契约时，若按照物价指数表计算这笔债款，那么，在1900年时足以购买40镑物资的货币量才是每年应支付的利息数目，而不是40镑。因此1910年以货币支付的利息是40磅的9/10，而不是40镑。

很明显，在这种安排下，一般物价的变动便不会使实业界人士在繁荣时期牺牲债

美国1918年一战海报，上面是一个士兵拥抱着一个女人和孩子。海报上写着：为祖国——胜利自由贷款。

权人而获得利益，也不会在萧条时期牺牲自己而让债权人受惠。如此一来，导致总工资基金变动范围扩大的因素即会停止发挥作用。同样明显的是，作为签订契约基础的指数即便由官方定期公布，这事还是很难实现，因为必须由实业界采取确定和积极的步骤配合。惰性和传统必然会促使他们顽强地抗拒这种新办法——纵使他们未来的契约都是同一类型的（全是支付利息的或全是收受利息的）。另一个困难也摆在兼具债权人与债务人两重身份的人面前。因为一种实际的风险，会出现在支付契约方面采用物价指数本位来订立契约时，只有当收款契约方面同样采用物价指数本位，才能规避风险。因此，若是甲乙两方都想采用物价指数本位订立契约，但由于其中一方和丙方订立了相反性质的契约，而这种“新奇的办法”又不被丙方所采用，那他们就无法实现。采用物价指数本位的方法因为这些原因而难以迅速推广。

随即，我们就转到了上述第二种方法。在性质上，它比第一种方法要彻底。耶鲁大学欧文·费希尔教授是这种方法的提出者，目前他正极力提倡此法。如果需要实业界的积极合作，才能使自愿采用物价指数表的办法成功，那么此种办法不但不需要他们合作，也无须他们谅解。这一提议的内容大致是：还应像上一种办法那样，政府部门需逐月公布指数，但所要表示的是1盎司黄金的购买力变化。应减少本位货币（在英国是镑）中的含金量，以使它实际成为“名目铸币”，即造币厂只需把所收到的生金银以硬币形式发行一部分，不必全部发出。如此，一定量被铸成货币的黄金的价值将永远高于未铸成货币的同量黄金的价值。

根据费希尔教授的计划，同一定量生金银相交换的铸币黄金量应随着一般物价指数所表现出的涨落趋势有所增减，不应是固定的。在一般物价开始跌落时，造币厂卖出铸币以购买生金银的价格，应低于市场的比率。如此一来，会有更多的铸币投入银行准备（为银行增加放款提供了条件），这为更多的贷款提供了条件。交换手段会因此增加，但需用这种交换手段的交易量却保持不变，从而物价就会上升，行将发生的跌价趋势就可以在这种方式下得到制止。同样地，当一般物价开始上涨时，造币厂以生金银购买铸币时，应高于市场的比率，使通货的供应量缩减，行将发生的涨价趋势也会因此被遏止。简而言之，借用费希尔教授的话来说就是，造币厂或任何其他指定机关将按生金银来收售通货，“但要维持的是具有购买力的黄金量，不是固定的黄金量”。[①]

这个计划若能实施，将极大地削弱一般物价的可变性。诚然，若此法被某一国家单独采用，从事对外贸易的人将遭遇困难。这是因为如果没有特殊安排，他们会在一种价值标准下成为债权人，在另一种价值标准下成为债务人，但这并不是很重要的困难。因为在金本位国家生活的人，在与银本位国家的人进行贸易时，就已处在那种情形中了。若这一计划能被主要的商业国家通过签订国际协议同时采用，这种不太重要的困难将会消失。这样一种制度安排通过将社会资源锁定在铸币或者未铸币的黄金储备上，与当前货币体系所涉及的黄金储备相比，可能使社会所必需的花费更大。通过限制总工资基金变化范围而间接地减少平均失业量后，所得到的间接利益是否会多于这笔额外基金？关于这一点我们无法严格证明。不过，似乎仍可能产生某些纯粹的利益，也肯定会减少平均失业量。

① 参看欧文·费希尔著《论货币的购买力》第342页。

第九章

劳动者与资产所有人的争议

我们在给失业下定义时，已经刨除那些和企业主发生劳资争议而失去工作的人。因此，初看起来，工业和平的一般问题并不属于本书的范围，可实际上绝非如此。

举个例子，在《劳动公报》上公布的领取失业救济金的工会会员每月的回报资料上，并不包括闭厂拒工和罢工工人。可是，《劳动公报》中关于发生重大劳资争议时的表格，却往往显示出特别高的总失业百分比。例如，发生在1912年3月的一次大规模的煤矿罢工，失业人数总百分比竟然达到了11%。但1903—1912年这10年中，3月份的平均水平却只有5.5%。这是因为，重要的工业停工后，就会通过以下两种方式妨碍其他工业部门对劳工的需求。一方面，实际陷入争议的人会变得穷困，以致他们对其他工业产品的需求被削减。另一方面，在其他工业中，若广泛使用停工的工业所提供的商品或劳务，那么这些工业的原料供应就会因此受到阻碍。总之，即便劳资争议只发生在工业方面的一部分，也会减少其他部分对劳工的需求量。

当然，各种劳资争议的影响并不完全相等，被影响到的商品和劳务会因其涉及的范围愈广而愈富于基本性质，影响也会愈显著。比如，煤炭是基本的商品，运输服务业显然是基本的劳务——两者几乎是所有工业都需用到的基本商品和劳务。因此，煤矿工人或铁路工人罢工较之同样规模和时间的纺织工人罢工，对劳工需求量产生的间接影响会大得多。不过，抛开以上两章讨论的更普遍的原因不谈，所有的劳资争议在某种程度内，都是导致劳工需求量变动性质的因素。若针对这种争议的发生制订一些措施，那么这就是在其本身所能达到的范围内消除变动性质的治标办法，因而也就成为减少平均失业量的因素。为此，所谓工业和平机构的问题，在本书范围内必须做简短讨论。

如果企业主和雇工以组织起来的形式相互对立，在他们中就会经常产生威胁工业和平的分歧意见。有时候，这些分歧意见涉及一小群工人所得到的待遇等本身很细微的事情，有时候涉及如一般工资率和工时之类的较大问题。可是，不管多大的分歧，终归是两个组织间的分歧。集体谈判代替了较原始的工业中的个人谈判（现在还有这种实例）。倘若双方谈判失败，社会即会受到大规模停工的威胁，而这就是因为谈判

布面油画《中央车站》，描绘了大中央火车站的车场在10年的拆除和建设过程中形成新的中心。柯林·坎贝尔·库珀绘于1909年。

者是组织而非个人。这是一种真正的工业冲突，其不可能发生在组织形式出现以前。防止这类有组织的冲突发生的机构，就是所谓的工业和平机构。

对于任何工业中的企业主和雇工而言，若协议能以令人满意的条件达成而不发生冲突，则显然对双方都有利。因此，在工业先进的社会中，一种极为有效的促进和平的机构，时常像是从组织形式较高的工业内部发展出来的。这一事实，其实并不令人称奇。英国就是这种完全自愿的组织的老家。无论是对企业主与雇工双方进行谈判的人员代表进行协商方面，还是在可能的范围内调解分歧的事务方面，其都有周详的制度。我们可以把这些制度分为两大类。

第一类制度是“协商制度”。其程序完全由协商确定，制度的条文上并没有针对最后仍有争议不决的事情的解决办法。

第二类制度是“仲裁制度”。该制度中会请一个中立的主席在协商失败后加以仲裁。

对于两种制度可能采取的各种形式，在另一本书中我曾经详细地讨论过。但就目前而言，要说明其一般性质，只要能对每种制度列举出一个典型的实例以表现出他们的一般特点就足够了。

兰开夏棉业的《布鲁克兰协议》在纯粹协商的机构中就是一个最好的例子。该协议的第6条规定："在完成下述过程以前，对工作、工资以及其他事务的争议、争论、问题、分歧、抱怨或指控等所引起的闭厂拒工和罢工，允许、支持或鼓励都不得被将来任何地区企业主协会或企业主协会联合会一方，与工会或工会联合会一方提出：

（1）该事项以书面方式由地区企业主协会秘书向地区职工会秘书提交，或由地区职工会秘书向地区企业主协会秘书提交（方式视情形而定）无效后；

（2）地区职工会秘书同地区企业主协会秘书分别加3个代表，或者单独由双方书记组成委员会，自接到上述书面报告的7天内，充分地调查有关问题、分歧、争论、争议、抱怨或指控等并进行调解无效后；

（3）上述秘书和委员会都有权在他们认为适当或有利时，将上述7天的限期延长，这样做要遵守一个前提：当已经做出的调解和安排无效后。而职工会或地区企业主协会提议由地区企业主协会派出4名代表与秘书一起，同劳动者工会联合会代表4人连同秘书组成的委员会，在对该问题的调解再次耗费7天而又无效后。"[①]

如今依然有效的、与此一般性质相同的协议有下列几种：

（1）机器制造业的主要工会和机器制造业企业主联合会之间的协议；

（2）造船业工会和造船业企业联合会之间的协议等；

（3）最后一种是有关仲裁制度的例子，也就是，诉诸中立的主席仲裁的调解制度。

1909年，苏格兰煤矿主与苏格兰矿工联合会之间达成了协议，其中第一条规定："如果有一个中立的主席——主席人选由双方协议产生，那么调解委员会将继续存在，主席的决定在发生分歧时是最后的和具有约束性的决定。下议院议长将指定协议无法达成时的结果。1912年8月1日是本委员会期满日期和本协议有效的截止日期。若不想让该协议继续有效，就必须在到期以前6个月内由任何一方通知终止。但此后，声明终止的通知，任何一方都可以在6个月前随时提出。"[②]最后，分歧由仲裁人裁

---

① 《英王致议会命令》第5366号第137页。

② 《英王致议会命令》第5633号第34页。

煤矿安全标志。

定。在英国的其他煤矿业和靴鞋业中也存在性质相似的协议。全国主要铁路系统因最近达成的协议，也有了这种仲裁方式。

若以协调精神实现了这两种制度，显然会极大地促进工业和平，但这并不能完全防止闭厂拒工和罢工行为。甚至在有效期间，纯粹的调解机构也会爆发冲突。而当有效期终了时，具有仲裁条款的机构往往不能恢复效力。鉴于此，近年来在破裂危机十分严重时，英国和美国等地的政府当局为帮助私人取得工业和平，往往从官方立场提出调解。这种办法是要帮助他们谈判，并非代替直接有关方面的谈判。在某种情形下，只有当双方中的一方提出请求时，调解才能达成。

1887年，比利时出台一条法令，批准工业界各方面人士可参加的劳资协商委员会。该法令规定："各省的行政长官、各市区的市长或发生争议的工业主席，在情况需要而某一请求被劳资双方中的一方提出时，必须召集这一部分人员，以协商的方式求得解决。"[①]可更常见的情形是，不管要求是否被争议双方提出，都由政府当局斟酌、调解问题。无论是1892年的法国法律，还是1896年的英国协商法案，都是这么规定的。后一法案规定："任何一个或一类雇主和工人之间，以及不同等级的工人间发生或即将发生意见分歧时，商务部可根据情形选择行使下列一部分或全部权力。

（一）对分歧的原因和情况进行调查。

（二）以该部觉得恰当的步骤，令分歧双方亲自或派代表会商。为使分歧得以和谐解决，可以由协商推举的主席或由商务部及其他个人或团体指定的主席主持。

（三）对有关地区或行业中的充分调解条件，以及该问题的具体情况进行考虑

① 参看《美国劳动局公报》第60号第421页。

后，经有关企业主或工人请求，便可派出一人作为调解者或派出若干人组成调解委员会。”

此外，该法案还规定：对于该部调解的工业组成的这种委员会，商务部应当多方面鼓励，以便使这种自愿协商的委员会在产生时不受间接的影响。

经验使我们相信，原本会引起停工的分歧意见，时常会因以灵活的方式和同情的精神进行调解而得到解决。这种办法会使他们在不损害尊严的条件下让步，原因是其给双方都提供了机会。而且从激烈的争论中看不到的事实也会因采用这种办法而非常明显，即一般公众和直接有关的双方都将在和平中得到利益。

不过还有一个明显的缺点存在于上述调解中：双方中的一方，可能会拒绝政府当局为了调解而进行的“斡旋”；也可能是，分歧仍不能在双方接受以后得到解决，此时就无法进行下一步了。加拿大自治领在了解这种纯粹自由选择的调解的缺点后，于1907年颁布了一项法令，规定在某种情形下实行更加彻底的国家干预办法。后来，此法令也被特兰斯瓦的立法当局所采用。

这项“劳资协议调查法案”专用于某些工业，而不能普遍应用。倘若在这些工业中发生停工现象，我们就有理由认为将特别严重地危害整个社会。以下这些工业包含其中：煤矿业、煤气业、交通运输业、轮船业、各种形式的铁路服务业、电力和其他动力工业、电报和电话服务业、自来水工业等。事实上，只要这些工业表现出极大的停工危机性时，这一法案就会产生效力，劳资双方联合反对也不能规避。主要规定有下列几点：必须在30天以前，对企业主和雇工之间的契约条文的任何变动进行通知。若另一方拒绝一方提出的变动，那么要等待政府当局指定委员会对该争议事项进行调查，并需等待该委员会提出报告和适当的调解建议，最后送交劳动部发表。在这以前，将用法律来制裁就有关事项举行罢工或闭厂拒工者。任何一方都没有义务在报告发表后接受这些建议，而且可以合法地停工，但法律禁止在报告公布以前停工，任何参加停工活动的人都将处以罚金。企业主若闭厂拒工，每天将被罚款100～1 000元；工人若罢工，每天将被罚款10～50元。

该法案有两方面应引起注意。

第一，双方的行动被强制延期，调查与协商也同时被强制实行，希望通过协议取得调解。

第二，该委员会的建议将在调解无法取得时公布，以便在舆论的压力下被双方接受。在这两方面中，近期的观察者似乎同意“前一方面更加重要”的说法。

最近，美国劳动公报记者V. S. 克拉克先生写道：“当委员会——且是最能办事的委员会被政府指定后，‘以非正式方式进行协商的条款’即其对该法案的解释，目的

赶着牲口劳作的农民。

是使双方取得协议。”[①]

1913年，乔治·乌斯克·韦斯爵士发表了一份向英国商务部提出的报告，在报告中他说明了自己的观点：“在加拿大法案中，进取的精神和协商的意图是较有价值的部分。”[②]但法案的其他部分并非不重要。的确，公众不大关心的细小争议几乎无法取得舆论压力。同时，在一切争议中，一旦冲突情绪被引起，即使有强大的压力也不会被顾及。然而一旦解散铁路服务和停止煤炭工业的危险存在，因而对整个社会造成严重的影响时，舆论至少是一种应当承认的力量。需要注意一点，劳资双方或其中的

① 《美国劳动局公报》第76号第666页。

② 《英王致议会命令》第6603号第17页。

一方原先拒绝接受委员会的建议而举行罢工或闭厂拒工，最后争议基本上还是根据委员会的建议解决的。

如上所言，在加拿大的法案下，若协商或调解的意见都不被劳资双方接受时，最后进行的罢工和闭厂拒工并不触犯法律。后期，澳大利亚殖民当局公布了一项法令，该法令规定：调解争议的条件不仅由政府指定的委员会提出，而且如此提出的条件具有法律上的约束性。应当处罚违抗这些条件而举行的罢工或闭厂拒工的违法行为。于是，这种立法充分地发展后，加拿大的法案中关于罢工的漏洞就被堵住了。

通常情况下，人们通过讨论和协商的方式取得调解的举动有时也会适时地得到鼓励，但我们应将重点放在阻止那些正常手段失效的情况下所采取的罢工或闭厂上。在新西兰方面，一般的意见确实还被违反着，而且留下一个小漏洞：只有依法注册的职工会，才适用该殖民地的强制仲裁法令。但相同的法案，在新南威尔斯和西澳大利亚方面却没有这种保留。对一个以上的邦（国）中存在的分歧，联邦法令有这样的规定：对于罢工或闭厂拒工的禁令，在任何情形下都处以罚款。在新西兰方面，违法的个别企业主和工会，将被处以500镑罚款。如果职工会不缴纳罚款，职工会会员将被罚款10镑，其收集方式是在发工资时附入扣款通知。

西澳大利亚和新西兰完全依靠罚款，而新南威尔斯的法令规定，将监禁拒缴罚款的人。帝国法令则规定，一律以监禁而不是缴纳罚款的方式对待再犯者。很明显，法律上的禁令和处罚并不能杜绝被禁止的行动的发生，所以，澳大利亚因劳资争议而发生的停工，并没有因为有了强制性法律而消失，就丝毫不足为奇了。就如法律虽有千条禁律，仍会有人公然不顾惩戒地做违法的事，比如窃盗、谋杀等，这种停工也是意料之中的事。在这一点上，主张实行强制仲裁法令的人也表示赞同。他们秉持的理由是：这些法令不是能产生一个“没有罢工的国家”，而是运用一种压力——这种压力比没有组织的舆论更有力和更直接，使停工问题会比在其他情形下有所减少。

综上所述，我们简单叙述了4种主要的促进工业和平的机构：

（1）自愿组成的委员会；

（2）调解；

（3）强制调查和报告；

（4）强制仲裁。

显然，这一叙述过于简略且不全面。我们在对这些形式的优劣进行评定时，可以这样认为：一切研究这一问题的人，对自愿组成的委员会以及政府当局在紧急情况下进行斡旋等办法持有的是欢迎的态度，这对社会来说是更恰当的。不过，除这些组织外，对于社会的最高利益来说，加拿大和澳大利亚的立法措施是否有贡献，人们就有

1929年衣着考究的美国商人。当时美国经济处于繁荣时期，财富集中在少数人和大企业手中，贫富差距不断扩大。1929年，占美国人口1%的富人拥有的财富超过美国全部国民财富的1/3。

许多不同的看法了。

在反对强制调查和强制仲裁的意见中，很重要的一点是，在各种工业中，企业主与雇工共同努力建立自愿协商和自愿仲裁的制度，或多或少会因这两种办法而受到妨碍。人们认为，促使企业主和雇工相互谅解、同情以及维持和平，是这两种制度的价值所在。毫无疑问，外界压力强加上的和平也是和平，这就是社会的福利。但有可能，痛楚与敌意也会伴随着这样的和平。压制冲突时若不使用强力的话，就会从余烬中复燃和平和善意。这种和平远远好于上一种和平。这是反对政府当局干涉企业主和雇工之间的分歧意见的普遍理由。

然而，进行这种干预时，若能同时注意促进协商机构发展且只限于危害性特别大的停工事件，这一理由的说服力就大部分丧失了。我们以英国乃至美国的观点来看，对于澳大利亚立法中强烈的干预办法，可以提出更令人信服的反对理由。倘使受影响的人民大众坚决反对这种立法，那么其不但难以实行，而且一般人对法律的尊重也会受到影响——每一个社会都需要维持尊重法律的精神。

在英国和美国，企业主和雇工双方都会唾弃任何强制仲裁的规定。把它一下子建立起来时若不顾及这种普遍的情绪，显然是不现实和不明智的做法。然而，加拿大法律中的强制调查和强制延迟停工的办法却是完全不同的情形。早在该法案通过的前4年（1903年），我就发表了对这一问题的意见。我并未感到对往后的事情有加以修正的必要。在那篇文章中，我说："争取工业和平的下一个步骤将是一种制度，某一工业中所发生的分歧意见，要由行政长官强制地提交给法庭，而该法庭须依据一般人的意见做出裁决。在美国，安斯拉赛特煤矿罢工委员会大力支持这种制度，而英国方面，也能说是属于实际政治范围以内的办法。就英国的实际立法传统而言，实行这种制度与其是相符的。它将代表着一种政策，在防止严重灾难的威胁的同时，将来向更好方向发展的前景又被打开了。"[①]平均失业量在这种较好的发展景况中已经减小。虽然它能成为一个因素，但仅能成为一个不重要的因素。

① 参看庇古《工业和平的原理与方法》第209页。

第十章

劳工流动性

使工业发生变动的原因（即季节的变化、气候的变化和实业界人士看法的变化之类的原因），我们在第七、八两章已进行了说明。其中，一些原因会普遍使变动朝同一个方向发展，而某些工业或某些部分的工业上升，另一些工业下降，则是另一些原因使然。

工人在这些情况下可以从需求缩减的地方向需求扩大的地方移动，而在繁荣时期，企业主对劳动力的需求，显然不必从长期属于他的工厂的、随时听候工厂雇佣的工人中解决，他会估计到因其他工业部分同时发生萧条而暂时解雇的劳工是可以雇佣的。假设总的需求量稳定，而某些地点和职业的繁荣又恰好抵消另一些地点与职业的萧条，同时，又有着绝对完整的从某一地点向另一地点移动的劳工流动性，那么，通过此方式即可取得所需的任何人数的劳工，这也是企业主会估计到的。

必须维持一种工资率的体系，这一点在第七章开始时就曾强调过，为的是保持一定数量的产业后备军——在萧条时期需要的人数以外。如此看来，就不存在这种必要性了，失业现象也将完全消失。当然，事实并非如此，因为劳工需求总量不是固定的，劳工流动性也不是完整的。上面所追述的结果仅是一种假定的情形，所以，只有说明的价值。但我们在研究了这种情形之后就会发现，在此充分表现的情形在实际世界中也部分地表现了出来。在工业界，某一部分的劳工需求量可能增加，同时其他部分可能减少。每一点上所聚集的产业后备军都会在彼此之间的劳工流动性提高的情况下减少，如此，失业量即可在可能的范围内减少。

人们自然会提出反对的意见，比如增加实际到处移动以寻求工作的人数，但他们的移动速度并不增加，如此一来，变动职业的人数就会由于提高的流动性而增加。可是只要稍加考虑我们就会发现，除非提高流动性后所发生的反应将降低工资率的弹性，否则提高流动性只会让某一部分的失业人数增加，但减少的不是另一部分在业的人，而是另一部分失业的人。这是因为，各工业部门的产业后备军的一部分是流动的人。但若工资率的弹性发生重大反应，就会出现截然不同的情形。因为在这种情形下，许多原本在原地根据降低的工资率接受工作的人就会外出寻找工作，这无疑会增加失业的人数。无论如何，因流动而减少的失业人数都会被增加的

经济大萧条时期，流动工人徒步于矿山、木材营地或农场寻找工作。摄于1938年。

数目超过。不过，这种理论上的可能性并不大可能实现，所以，我们不必做认真讨论。

我因此便认为一般确立的命题是：如果其他条件不变，各地方之间的劳工需求量呈现出向相反方向发展的情形，那么劳工流动性愈高，平均失业量就会愈小。而且，毫无疑问，尽管对劳动力的不同需求多发生于特定行业或者行业的某些特定部分，而不是行业与其他行业之间，然而，产业界的任何两部分之间都可能发生对劳动力的不同需求。因此，我们就可以把上述命题推广到一般流动性上去。同时，我们要补充两点。

第一，若两点之间劳工需求量的变化确实能发生相互抵消的情况，那么失业量就会因劳工流动性的提高而显著地减少。我们在煤气厂和砖厂的关系中能找到实际例子。煤气厂的产品主要用于夜长、天冷的冬季，砖厂则在暑期长、天气热的夏季，易于开展建筑业活动时最为活跃。

第二，相比于在同一工业的厂商之间发生这种提高，在不同工业的厂商之间发生的作用会更大。因为，可能有较大部分的个人需求会在后一种情形下朝着相反的方向发展。近代有一个趋势是：人们更倾向于在某种特殊的工作上专业化，而非在某些特殊的行业上。很多行业都需要这些工作。这一趋势在本书还将继续讨论。

上述第二点说明：这种现代趋势对失业问题将发生极好的影响。然而这些都是次要的作用。一般的流动性而非特殊形式的流动性，将是我们下面要讨论的话题。首先，我们要比以往更仔细地讨论一下“流动性”一词所具有的精确意义。

众所周知，有时这一名词只用于对流散性进行说明，即对在刺激的影响下可以向任意方向流动的性质进行说明。但现在，这种意义不是这一讨论所要求的。流动性即是“朝开明的自利原则所要求的方向发生的流动”。或者说，“流动性指的既是流散性，也是有组织的、明智的流散性”——源于贝弗里奇先生的公式[①]。因此，我们的观点同一般的看法在此就分家了。

这种看法认为，“流动性的障碍”的存在和不存在的问题是决定流动性的因素。关于经济自利原则的虚假判断和流动的各种费用，都包含在这种流动性的障碍中。同时，这种看法认为，流动性必然会因这些障碍的消除和减轻而增强。可就上文阐述的流动性的定义而言，如果对自我利益关系判断错误，那么流动的实际费用减少，非但不会使流动性增强，反而会使它减弱。因此，虽然流动性永远会在消灭愚昧与错误后提高，但若要通过降低实际费用来增强流动性，只能是在基本上消灭愚昧和错误之后。由此可见，仅把工人的旅行费用单纯地降低，而不随之发生其他变化，能否增强流动性在很多情形下都是值得怀疑的。然而，若在降低旅行费用的同时对特殊的就业机会做出明智的指导，流动性必然会被增强。

对外出寻找工作的会员，英格兰的工会最初都会无区别地给他们发旅行津贴，但现在，工会主要资助的是已经找到工作的迁到工作地点去的会员。英国劳工介绍法案中有这样一则条款：财政部批准以贷款的方式为迁往工作地的工人垫支旅费。最后，德国劳工介绍所的廉价火车票也只发给找到特定职位的人，不再普遍发给寻找工作的人。

上述重要问题经由以上三点的说明已经逐渐获得普遍的认可。因此，首先我们就要考虑一下，在指导人民使他们的流动朝正确的方面发展上，现代文明国家有一些什么样的措施。我们可同时在两方面进行探讨：一方面要探讨同一职业中从一个地点到另一个地点的流动；另一方面，要探讨从一种职业到另一种职业的流动。

倘若其他条件不变，工业方面一部分的工人完全不清楚其他部分的现状，对流动性的障碍作用就会因这种无知而达到最大。这是因为，在此种情形下，他们外出寻找工作（他们会因无知而长期犹豫且不愿外出）时，便会无目的地奔走于有空缺和无空缺的工厂之间。他们会疲乏地从这个工厂走到那个工厂，屡次提出申请，为的是探明哪一个厂家需要增加人手。[②]

---

① 贝弗里奇著《论失业问题》第209页。

② 参看《皇家济贫法委员会少数党报告》第1125页。

700名股票经纪人工会成员在芝加哥股票场举行罢工。

不过，这种无知状况在英国并没有这样严重。通常，劳工需求量在各不同地点和不同职业中的比较情形是可以得到消息的——既可以通过报纸的广告、亲友的谈话得到消息，又可以通过工会的地区情况报告得到消息。对于伦敦建筑业中这些方法的发展，迪耳先生有一个极有趣味的叙述，他说："目前，工会以缺额簿的方式系统地形成了已经发展起来的个人和同伴之间互助寻找职业的制度。任何人在失业时都会在地方分会或会所的缺额簿上写下自己的名字。于是，每一个该分会的成员（一般有20～500人）都会为他寻找职业。更准确地说，为了消除缺额簿，该分会的一切成员都在寻找缺额。每一个成员都有责任在知道任何地方需要劳工后通知分会秘书。此外，某些工会（如木工和细木工联合工会）还会提供一笔奖金——通常，每消除一名得6便士——给那些消除缺额簿上失业人员的人。倘若工会将职位优先给了非会员，一经发觉即会被处以大量的罚款。通常的情形是，先要通知秘书需要人和可能需要人的地方，之后秘书有责任将在什么地方最可能找到工作的信息通知失业会员。”[①]

近年来，英国官方采用“劳动公报”的方式，提供了更多的消息，因此更多的人可以看到招工信息。另一个提供消息的有力机构是发展程度较低的劳工介绍所。工会进行的探询工作被它们加以扩充，“进而，工人在邻近的机关中，关于他这类工作的一切探询结果在全伦敦城中都能打听到”[②]。各座城市的劳工介绍所取得联系后，工人将接触到更广泛的消息。比如在德国，“为了让劳工流动性有所保证，人们认为，应当通过通信系统将德意志帝国各部分取得职业的机构联系起来。这一点非常重要。劳工登记所联合会已提供了这一系统……在巴登大公国[③]范围内都有电话联系。一个地方发生劳工过多或过少的情形，其他地方马上就会知道”。[④]

在巴伐利亚，发行缺额名单是人们掌握的一种办法，并且在没有劳工介绍所的农村，此法也已经因人们的推广而存在[⑤]。在英国，孤立的形式已经因最近的劳工介绍所法案而变为有联系形式的过程，并发展到完满的境地。很明显，这类有组织的体系可以成为一种强大的工具，能够消除暂时失业的工人的流动性由于无知而产生的障碍。

初看起来，在某一范围内有关劳工需求量的消息若被一个组织完整的体系传达，就不必谈消除无知状况以促进流动性的问题了。可事实上这一看法是错误的。打个比方，某一工厂被报道现在有两个缺额，可这并不意味着听到消息的人前往该工厂寻找工作时，那里依然有两个缺额。因此，妨碍流动性的无知状况会因采取下列措施而进一步消除。这种措施是：各中心对各工厂或各部门确定可以雇佣的人数进行收集，而不收集各工厂或各工厂的各部分当时存在的缺额。若能做到这一点，工人到达某地后得到的消息会是能够得到多少缺额，而不局限于某地有若干缺额。

这是在伦敦和印度船坞设立了雇佣总中心后，对劳工流动性的基本贡献。对这一问题，介绍所的职员为某些厂商选定工人后，厂商不论是绝对录用还是考核录用都没有太大的分别，因为通常来说，被送去的人实际上都会被接受。但有一个问题非常重要且是整个事情的基础，即如果厂商通知劳工介绍所说有固定缺额可补给经他们介绍的人时，劳工介绍所就应选出确定的人员送去。以目前的观点来看，劳工介绍所的价值并不在于它本身的产生，而在于它被许多厂商当作了共同的雇佣机构。如果没有这种机构，这些厂商就会形成分散且独立的需求中心。

① 迪耳著《伦敦建筑业中的失业问题》第133页。

② 《皇家济贫法委员会少数党报告》第1125页。

③ 在德国南部，现为巴敦州。——译者注。

④ 《英王致议会命令》第2304号第65页。

⑤ 《英王致议会命令》第2304号第93页。

意大利油画《威尼斯圣马可河畔的贡多拉船队》。威尼斯的商业贸易曾经非常繁荣，威尼斯商人利用威尼斯大运河发展运输和贸易，声名远扬。

理解了这一切，我们就能看出，任何地区对劳工流动性产生的有益影响，会随着该地通过劳工介绍所填补的空额愈多而愈大。在自愿的原则下，这种比例会因劳工介绍所对企业主吸引力的增加而增大。经验证明，只有由企业主和雇工双方派出代表联合公开办理，而不应由或有欺诈的个人私自用体投机事业，劳工介绍所才能得到广大主顾的惠顾[①]。罢工和闭厂拒工是劳工介绍所不应顾及的，而应当让任何一方在劳工介绍所贴出“某某厂现已停工”的通告。

需要说明的是，劳工介绍所应区别于任何慈善救济性质的机关。如果其与任何救济机关发生联系，珍惜名誉的优秀工人将会退避三舍，企业主也将不愿到劳工介绍所来雇人。同时还应当由市府和国家当局来肯定劳工介绍所的地位，并在可能范围内

① 对于这方面的法律，灭克尔和彭哈特著的《世界各主要国家劳工介绍所章程》一书中有富有启发性的叙述，说明各个国家都必须采用这种法律，以防止私营的劳工介绍所作弊。

进行广告宣传，以促使其成为公共机关雇佣工人的唯一机构。而一个值得争论的问题是，利用劳工介绍所的工人是否应当缴费。

“禁止私人劳工介绍所收费”是1904年法国颁布的一条法律。但是特兰斯瓦贫穷问题委员会指出，“为了防止那些并非真正需要寻找工作的人到劳工介绍所里来，收费其实是一种最有效的办法。”[①]当这类人被删除掉，对企业主来说，劳工介绍所将更具吸引力。同时，倘使国家愿意，增加劳工介绍所补缺的比例也可通过法令劝谕的形式实现。而若规定“所有失业的人都必须到劳工介绍所登记”，就又朝这一方向前进了一步，因为此举无疑将增强引导企业主通过这些中心雇佣工人的力量。

济贫法委员会是这种步骤的提出者，他们说：“正如下面将要提出的，我们认为，当国家适当补助工会失业会员领取的救济金时，应规定他们失业后，必须向劳工介绍所呈报并登记姓名，同时要在本工会的空额名册上登记（如果有必要的话）。唯有如此，他们才能领到这笔救济金。如果工会得到了国家的支持和鼓励，其就应帮助国家——通过支持国立的和国家所需要的劳工介绍所的举动。”[②]而更加彻底的办法是可由法律规定：若不通过劳工介绍所，企业主和雇工便不得订立工作契约。

英国商船海员已经实行了这个计划，贝弗里奇先生也主张应普遍推广。贝弗里奇先生大胆地提出了完全采用强制的办法，出于对“劳工介绍所的效用会由于缺乏企业主的支持而降低”的考虑。他说：“若用自愿的方式无法做到此事，那么必须而且应该通过强制的方法来做到。在工业法中可增加一条新的条款，规定不得雇佣1周或1月以下的短工，只许雇佣正式劳工介绍所介绍的人。国家必须禁止伤害人民身心两方面的雇佣条件，这将是一条公认的原则。可以说，上一条款是该原则的一个合法和无可反对的引申。”[③]

英国国家保险法案也提出了下面这样的鼓励，虽然其没能走得更远，即企业主雇工的失业保险费（如果已经设立）和医疗保险费，在企业主雇佣的工人都是通过劳工介绍所介绍而来时，可以酌量减少[④]。劳工介绍所可因所有这些办法的推动而更广泛地被利用。倘若其他条件相等，对于劳动需求条件的无知状况也会因此消失，也因而增强了劳工流动性。

需要注意的是，如果某一国家的工会系统分布较为广泛，那么这种办法所能达

① 参看《特兰斯瓦贫穷问题委员会报告》第135页。

② 参看《皇家济贫法委员会多数党报告》第403页。

③ 参看《现代评论》（1908年4月号）第392页，贝弗里奇原文。

④ 参看《国家保险法案》第99节（1）。

亚当·斯密（1723—1790），经济学的主要创立者，代表作品《国富论》《道德情操论》。

到的程度——采用这种办法后所能获得的好处，会小于工会系统不发达的国家。下面的事实能说明这点：德国劳工介绍所为技术工人和非技术工人找到的职位是同样有效的。可是，英国的劳工介绍所对非技术工人的作用，却限于强大工会组织不存在的地方——至少在毗邻地区如此[①]。

工人是否渴望流动，都是以消息为依据的。流动障碍的大小决定了工人是否希望从一个地方向另一个地方流动，或从一个行业向另一个行业流动，以及流动性的大小。这些障碍呈现出很多不同的形式。例如，在18世纪末叶以前，地区流动性曾受到《移民法》的严重阻碍。该法律极大地限制了人们迁移的权利，目的是防止出生于国家某一区域的人到另一区域去纳税。亚当·斯密写道："比起通过一片海面或一座高山，一个穷人通过一个教区的人为界限显然更难。"

在很大程度上，许多工会的区分法则都会限制现代各职业之间的流动性。这类法则的企图是，将某些特殊的职业留给某些特殊行业的工人，若这一职业被其他行业的人从事，予以制止的方式将是罢工。举个例子，鉴于工会的制止，一个泥水匠将不能从事石工的工作，而一个制模工人也因此不能做小木工的工作。不过在大多数情形下，"流动费用"这个大题目下包含着现代工业体系中妨碍希望迁移的人的流动的因素（不论在地区之间还是在行业之间流动）。

① 参看《经济季刊》（1907）第78页施洛斯原文，以及《反失业斗争协会公报》（1913，第839页）。

从目前的观点来看，在这一方面首先应注意：“在甲和乙两个需求中心之间的流动费用，并不一定是实际费用，而会比实际费用少。这种费用是甲、乙两地之间各阶段流动费用的总和，我们可称之为‘真实’费用。有关费用倘若仅仅是实际转运的费用，那么这一点就似乎并非那样重要了。因为通常而言，长途旅程每英里的旅费要比短途旅程每英里的旅费便宜，故真实费用并非小于实际费用。然而，若有关费用是学习某种技术所需的费用，就将有不同的情形。从农业劳工到厂主之间的转移费用，在这种意义下将是无限的，但若“层层升高”——从农业劳工到小店主，从小店主到大店主，从大店主到部门经理，从部门经理到总经理，从总经理到厂主，每一阶段产生的费用都相对较小。倘若费用是因离家到其他地方定居而产生的主观上的费用负担，那么上述说法就可以应用。依此而言，迁移1 000英里的费用，可能会远远超过200次迁移5英里的费用。通常，生活在两国接壤处的居民都会说两国语言，这将减少因语言不通而产生的障碍。我所强调的理由，可用下面一段关于中世纪法国的叙述很好地说明：‘里昂如果需要工人，就可以向夏隆绪尔索恩寻求帮助，而后会从那里得到工人。而奥谢尔招来的人，会填补夏隆绪尔索恩所产生的空缺。倘若奥谢尔发现要求的工作少于提供的工作，就会向桑斯求助，而在必要时，桑斯又将求助于巴黎……因此无论地方有多远，劳动需求把它们全都扰动了，就像排成一个纵队的一群人作为一个整体前进了几步一样。’显然，这类说法非常重要。”[①]

现在，针对迁移的损失问题，我们可以更仔细地研究一下。我们当即就能看出，两地之间的迁移不仅包括工人旅行的费用，而且涉及别离亲友与熟识地区的痛苦。交通工具愈发达的国家运费愈便宜，因而总费用愈少。其他损失可由交通速度的增加而减少，这是因为工人依此易于转移工作地点而无须搬家。

至于两种职业之间的情形，则是这样的：工业进步使两种职业的操作方法因工业的进步越接近，两种职业之间的流动损失就越小。在这一方面，目前似乎有一个明显的趋势。德·罗西先生写道：“机械匠的工作之所以能与店铺伙计的工作愈来愈接近，就是源自机械运用得到不断发展。但店铺伙计从一种商业形式转移到另一种商业形式时会更容易，他们能从绸缎业向食品业转移，也能从杂货业向家具业转移。因此，零售商店的伙计当前若有能力，就会采取一种大型的总店铺的形式，而不会单纯限于一方面。可现在，这样大的变动范围在工业中还不能有。不过，正如店铺伙计从一个柜台向另一个柜台后面转移会很容易一样，从一种机器的看管工作向另一种机器的看管工作转移，对工人来说也很容易，他可以从织布机向制靴机转移，或从制纸机

① 参看庇古著《论财富与幸福》第112～113页。

1917年3月21日，在福音传道人比利·桑迪的总部工作的妇女。

向纺纱机转移等。”[1]这种发展就意味着：特殊的专门技术在工业操作中的作用相对于一般的能力说来，比以前减少了。这就等于减少了工人从一种职业向另一种职业转移所需的新训练的费用。

以上，我们分别讨论了不同地点和职业之间的流动。其实，从一种职业向另一种职业转移时，人们往往需要从一个地点向另一个地点转移。因此，倘若劳工需求量的变动在关联工作中能多少相互抵消些，在相邻的地区设立劳工介绍所，就可以降低两种工作间因流动而产生的总费用。而若在同一工厂中设立这两种工作，将会更加降低这种费用。

最近，商业部有一个十分有趣的报告：“有能力有思想的企业主常常通过优秀的组织来克服季节等自然变动。为了能使大部分雇员的时间被充分利用起来，他们会把果酱、橘子酱的制造与糖果制造、肉类罐头制造等结合起来。一个制纸花的厂主雇佣

① 参看德·罗西著《英国工人问题》第334页。

了200多个女孩和妇女，她们每年只工作6个月。后来工人终年受雇了，因为该厂主建立了另一种行业——制造装饰帽子的羽毛。制草帽是卢顿地方的主要工作，一年中有半年工作总是疲滞的，因此人们建立了制毡帽的工厂。现在常常在同一工厂开展这两种工业生产，在一年的不同时期雇佣同一批工人。”[①]在很多情形下，开明的企业主采用的这种政策对他们是有利的，同时必然会减少流动的费用，因而增强了流动性。

另一个一直被我们故意放下的问题必须在结束本章之前谈一谈。我们在讨论劳工需求量方面的知识增多后的效果，以及地点和地点、行业和行业之间流动费用减少等问题时，要用哪种方法增加知识，以及要用哪种方法减少流动费用都没有被涉及。的确，这些增减变化究竟是怎样得来的，单从对平均失业量的影响而言，并没有多大关系。当然，说它是因观念的进步而自动得来的也未尝不可，或者完全可以说它是因“消息和流动方法可以更便宜地提供给工人”得来的。这种价格之所以便宜，是因为一部分费用转嫁到了别人身上，而非更易取得。对于失业问题和社会福利，这两种减价的方式会分别发生相同的影响和不同的影响。

纯粹的利益是工人因产品价格的真正降低而获得的便宜。其他任何类型的降价意味着获取这方面的知识并促进流动比正常情况下要投入更多的资源。其实，这等于在补助金的名义下提出一种特殊形式的投资。然而，我们因经济分析的提醒而明晰，经济上的浪费往往是由补助金导致的。

“我们很有理由认为，某种程度的浪费其实已经由比利时的各铁路机构人为地降低工人的票价而产生。对于这一结论，毛罕姆博士有一篇很有趣的专论，在专论中他鲜明地进行了证实。下面是其中的一段：‘有一次，列日城郊需要建筑一座别墅，当地肯定不缺少劳工，尼维尔的一个建筑商接受了建筑的契约，他完全雇佣布拉班的工人。这些工人中，有的每天来上工，有的星期一来上工，每周回家一次。列日的人一点劳动也没有做。’另外，还有类似的几段话也说明国家为工人支付票价会诱使某地的雇主在其他地方获得工作机会时，将该地的劳工运去，尽管工作所在地事实上也能找到合适的劳工。这与在国际贸易上将黄金两次转手而在结账时不用汇票的做法极为相似。

对于有关的个人来说，不管当时流行的财政制度是不是一种浪费，但对整个社会来说，这种过程总是一种浪费。反对为促进流动性的工业提供补助金的推论，只是反对为任何工业提供补助金一般推论中的特殊推论而已。目前的事例同其他情形一样。我们若有理由相信，该工业的投资会由于没有补助金而无法充分地发挥作用，同时为

① 《英王致议会命令》第3864号第284页。

大萧条时期，一名失业男子站在纽约棚户区他的小屋附近，背景为上西区的地标——格兰特墓和河畔教堂。

社会提供最大的利益，那么这种说法就会被推翻。”[①]至于促进劳动力流动的行业，部分原因是其产品难以折现，我们似乎就有理由相信这一点了。

从某种程度上说，公众花费金钱来增强流动性，就业会因此增加，财富也会因此增加。可是对于这一笔开支，国家必须进行周密的监督。因为若把事情做得过火了，它对失业问题所产生的利益，就只有使其他方面引起更大的损失才能取得。

① 参看庇古著《论财富与幸福》第126页。

第十一章

国家为减少失业而采取的直接行动

我们在前几章曾一再指出，在间接增加平均就业量上，政府当局有许多不同的方法，比如我们曾经提到的，关于改良教育政策、修改通货制度和发展有组织的劳工介绍所等问题的可能性。但我们大有理由这样说，政府当局可以通过翔实的政策，让劳工需求量的变动性质直接减少，不必将补救措施限于这些间接的办法。因此，最要紧的是，这种性质的行动究竟能带来什么样的成果。

首先，在开始探讨时我们必须克服一种反对意见。人们有时说，无论何时，总工资基金都是完全固定的。工业界某一个别部门虽有许多办法可以增加劳工需求量，但若要做到这一点，只有相应地减少其他部分的劳工需求量。人们还说，不论是对企业主发放补助金，还是政府当局直接雇佣工人才使这一特殊部门的劳工需求量增加，结果都是一样的。“特兰斯瓦贫穷问题委员会报告”中，曾对后一种意见确切地强调过。

该委员会公布：“财富是工资的唯一源泉。国家只有增税，才能支付给工人工资。若给失业工人提供工作，发工资的事情就如同从私人方面转移到自己手里。也就是说，它用一只手减少就业机会，而用另一只手增加就业机会。它把私人雇工的工作取来后交给国家所选定的人。”[①]

上面阐述的只是某种一般理论中的特殊例子。这种一般理论若是正确的，整个劳工需求量的变动性质都无法减少——不管政府当局是通过直接行动还是通过间接的财政措施。然而，这种说法并不正确。繁荣时期和萧条时期劳工需求量的总平均量，国家并不能通过以上所说的行动而使其增加。这也是极其重要的一点。这是因为，有人会以每年拨出一定款项开办新企业的方式减少失业量，比如，植树造林和修筑军用工程等。

对于这种计划而言，上述理由是一种致命性的打击。但若认为国家不能在一定程度内减少繁荣时期的劳工需求量，进而增加萧条时期的劳工需求量，这种说法也是不正确的。唯有透过货币支付机构来看这种支付所代表和促进的实在交易，才能确定这

① 参看《特兰斯瓦贫穷问题委员会报告》第129页。

一点。随后我们就能看到，在任何时期，任何国家都有许多不同的生产中心不断地使商品流入货栈和商店。此外，还有两条货源不断地向外流出：一条货源包括有产阶级的消费品，另一条货源包括有产阶级当作支付手段来引导劳工继续提供劳务的商品。

和其他类似的理由一样，特兰斯瓦委员会的说法有着这样一个概念，即流向货栈和商店的商品量严格地决定了流向劳工的商品量。其实，不单单是后一种量，其他的流出量以及流出和流入两条货源之间储存所的容量，都取决于前一种量。在此，不妨提出一个与我的论点相反的假定以简化讨论，即有产阶级的消费量是绝对稳定的。在此情形下，若商品直接由产地向消费者手中转移，在生产者和消费者之间将不存在商品的储存地，因此，政府或其他权力机关在流入的量被决定后，便无法改变导向劳工的流出量了。实际上，大量的暂时储存的中间商品基金常常且必然存在，因此便存在这种办法。

较之一般而言，若使流出量更加稳定，政府当局只需在劳工需求量低时为增加需求量而从货栈与商店中借出资金，而当需求量升高时，从流出量中取出一部分予以归还即可。如果在萧条时期我们采用借债的办法雇佣劳工，那么，这样取得的基金的一部分便是从某种资金中取得的。显然，在其他情形下，私人雇主会用这笔资金来雇佣劳工，但同样真切的是，如果另一部分资金的来源并非以这种方式取得，即会被储存起来。

政府如果在萧条时期借了100万镑（不管是直接借来还是通过津贴私人厂商而间接借来的）来雇佣劳工，虽然其中有一部分代表着需用劳工的纯增益，我们也有理由相信那是不小的一部分，但显然其并不能全部代表需用劳工的纯增益。不过特兰斯瓦贫穷问题委员会所持的那种理由足以因此被推翻。

我们在对上述初步反对意见进行答复后，就可以进而指出：下列两种情形之间并不存在本质上的区别。一种情形是，政府当局通过调整直接和自身有关的工业来控制任何一种劳工需求量。另一种情形是，对于完全只和私人有关的工业，政府则通过补助金与赋税来调节。显而易见，相比于其他情形，政府订货起着重大作用的工业和政府直接雇工的工业，有时更容易采取行动。不过，这只是一种次要的区别。有些调节是从生产方面着手的，而有些调节是从消费方面着手的，这才是主要的区别。对于这两种普遍的情形，我们必须逐一地加以讨论。

我们先谈谈生产方面的调节。首先，假定某项商品的生产中心在萧条时期的劳工需求量因政府当局直接或通过财政进行干涉而增加，而在繁荣时期劳工需求量减少。此法对平均失业量的作用我们可做如下分析。假设是易损易坏的商品，且必须在生产后立即消费，同时该商品的有关中心供销量又刚好等于生产量，那么在这种情形下，

19世纪时的英国铁匠铺。

若在萧条时期为使这些中心增产而加以调节，价格就必然会间接地降低，因而该工业中其他中心的生产就会受到阻碍。倘若被人为扩大产量的中心只是从事这种生产的中心中的一小部分，我们就能证明其他中心的减产将几乎等于原来的增产。繁荣时期使有关中心减产的调节办法，同样适用该结论。

由此我们可以得出结论：生产不耐久商品的少数几个中心的产量，若能因政府采取行动而稳定，就将间接地在产量上引起几乎同等程度的不稳定性，而因受到它直接破坏的劳工需求量也会引起同样的不稳定性。可见，通过这种行动来减少平均失业量，是没有多大希望的。但若政府调节的是生产耐久商品的工业，情形就要好一些。在此种情形下，有关生产中心导致的产量变化一般会大于销售量的变化。当生产量被人为地扩大时，增产的部分就会被储存起来。当产量被人为地缩小时，减少的一部分就表示着可能被储存的一部分。但仅仅是市场上的产品变化才会影响价格，并会因此波及其他生产中心的生产。因此，竞争中心劳工需求量中所增加的不稳定性并不会抵消被调节中心所增加的稳定性。它们制造的商品只要可以储存且不会立即损坏，情形就会如此。

可是，不管是不是耐久商品，如果被调节的生产中心只是市场上的一小部分，就仍会有很大一部分发生抵消作用。比如，“劈柴业协会就提出了一个令人信服的证据——当劈柴被国教救世团的贫民教养所和许多济贫院当成自己的事业后，无疑影响了许多劈柴厂，导致很多人失业，某些人实际上成了贫民”。[1]抵消的作用，会在被调节的生产者的产量在市场的产量中占据一大部分的时候逐步减少，也会因整个市场都充斥着调节作用而完全消失。因此，从生产方面着手的调节措施，调节行动所及的范围愈广，对失业现象的影响就会愈大。目前来看，在这一方面采取真正有效政策的可能性似乎并不大。

接下来，我们要探讨从消费方面着手的调节。正如上文所言，政府当局显然可以通过补贴和征税的方式对同其无关的需求加以调节，同时可以调节政府当局的直接需求。其实，凡属实行这种调节的地方，都是调节后一种需求。但在下一节中，我将只谈政府当局调节的需求，而不谈政府当局的需求，为的是使人们看清这一理由所能应用的范围要比这更大。为了便于讨论，不妨区分开一定不规则的需求和不一定不规则的需求。在这两种情形下，受政府当局需求调节影响的劳动力不是包括所有给定类型的劳动力，因为有相当多的劳动力在其他地方工作。实际情形正是如此。

无论是救贫局的订货、海军本部订造船只，还是陆军部招征特别后备军受训、市府进行某些临时工作（如修筑道路）等，都会产生需求。然而这种需求所发生的作用是大量且突然的，并非平稳且连续的。有关政府当局在某种程度内可以自由地决定这些孤立的、断续的需求量在何时发生作用。显然，在某些情形下，不可抗拒的因素决定了这种需求量发生的时期，例如，当爆发战争危机时，订造海军船只的时间，断不能因对就业机会稳定性的照顾而受到影响。可在许多情形下，对政府和国库而言，如何在时间上安排这种不规则的需求并无影响。因此，对于把不规则的公共需求量向私人工业需求量的间隙中调配这件事，政府当局可以放手去做，以便极大地减少劳工需求量的变动性。

在最近的《英国济贫法委员会关于非常规城市工作的提案》中，人们已经提出这种政策。他们写道：“在正规人员之外雇佣其他人，或与其他人订立契约，是政府当局有时避免不了的。因此，我们认为，对于这种非常规的工作，政府当局最好加以安排，以使之在一般正规工作停滞时进入劳动市场。关于这一点，查普曼教授已经做了清楚的阐述。他认为，最好使政府当局的劳工需求量摆脱营业繁荣和萧条以及季节的影响，同时特意令其与一般市场的需求做相反的变化，因为它是可以发生变动的。针

---

① 参看《皇家济贫法委员会少数党报告》第1099页。

德国水手站在一艘英国U形船的水槽塔上。绘于1941年。

对以上简述的政策，在萧条时期，对于非常规工作的安排，中央政府有时也通过对各市府正确地补贴而达到目的。”[①]显而易见，这一政策若执行得当，就会有效减少平均失业量。

我们现在要说的是政府当局所调节的另一种需求量。这种需求量不是间歇的，多少有些连续性。在这种情形下，我们就要研究，如果政府当局为使它的需求比一般情况下更稳定而采取措施，其效果将是什么。通常来讲，其他方面对有关商品的需求，并不能直接抵消政府需求所发生的变动。增强被调节的需求的稳定性，会同时增强被调节的和未被调节的其他需求的稳定性。失业量必然会因这种情形的发生而减少。这种变动性，一般会在政府当局对任何一个等级劳工的生产品的需求进行调节时产生。因此，我们就能得出一个结论：在一般情形下，假如要减少失业量，那么，可能的办法是采取政策消灭或减小这种变动性。政府当局就和私人一样——但政府所能做到的

① 参看庇古著《论财富与幸福》第480～481页。

事实上比私人多得多，若想减少失业量，就必须牺牲某些方面的利益或利息，以使自己的需求更加稳定。

上述结论是确切的。但是，从这一结论中会得出一种更难讨论的说法。从失业问题的观点来看，显然，政府当局所调节的需求量中的稳定性，要比经济力量自由发生作用时产生的不稳定性更好。但有一个疑问，政府当局调节需求量时若使它发生变动，而不是使它变得稳定，而其他方面对有关商品的需求变动又刚好与其抵消，这是否能得到更好的结果呢？例如，对某一类工人而言，私营工业对它的需求在10万到15万之间变动，政府当局对它的需求在私人需求减少时提高，而在增多时降低，相比于同时增减，是否更好呢？最近，对于这种说法，英国济贫法委员会少数党和其他许多人坚决认为是正确的。这就表明，政府当局的需求变化应有意识地采取一种政策，以使其同私人工业中的变化相结合——这样做是有好处的。

这些作家十分笃信自己的说法，根据这些意见，再加上许多修饰词，一个十分详尽的国家计划就被拟定了。他们说："我们认为，至少每年可以拨出国家和地方当局每年为各种工作和劳务花费的1.5亿镑中的400万镑。当然，这笔拨款可以10年为期，在贷款的形式下拨出，不必每年等量地拨出，每年的比率也无须相等。而拨款也可以在一年中加到1 000万～1 500万镑，条件是，当在英国各地无法找到职位的人数——他们是国家劳工介绍所报告有工作能力的应征者——高出一般水平时。当负责国家劳工介绍所的大臣提出这类报告并指出失业人数占比超过4%时，政府部门就可以动用这笔10年计划的经费。特种战舰可由海军部制造，同时扩大枪炮弹药的储存；经常需用的兵营也可由陆军部增建，他们同样可以扩充各种储存；而建立新邮局和其他政府建筑并更换旧家具，是工务局可加紧进行的经常性工作；邮局可以比平常快三四倍的速度，在英国的每一个农村发展电报和电话；甚至印务局也可以比平常快两三倍的速度，将'史料抄本'委员会的书籍印出，并发表国家档案。"①他们在这一段话中已经断定，若令政府当局的需求发生变化，能够与私人的需求变化相抵消，就必然能减少失业量。实际上，这并非必然的结果。

在需要抵消变动性质的私人需求中心与政府当局进行调节的需求中心之间，这种情形是否会必然发生，取决于劳工是不是完全可以流动。若劳工是完全不能流动的，就会发生相反的情形。

工人失业量在私营工业中不会减少，在公营工业中却会增加，其理由上文已述。也就是说，人为地扩大这些工业间的变动性后，不能固定工作的人数就会增加。在现

① 参看《皇家济贫法委员会少数党报告》第1196页。

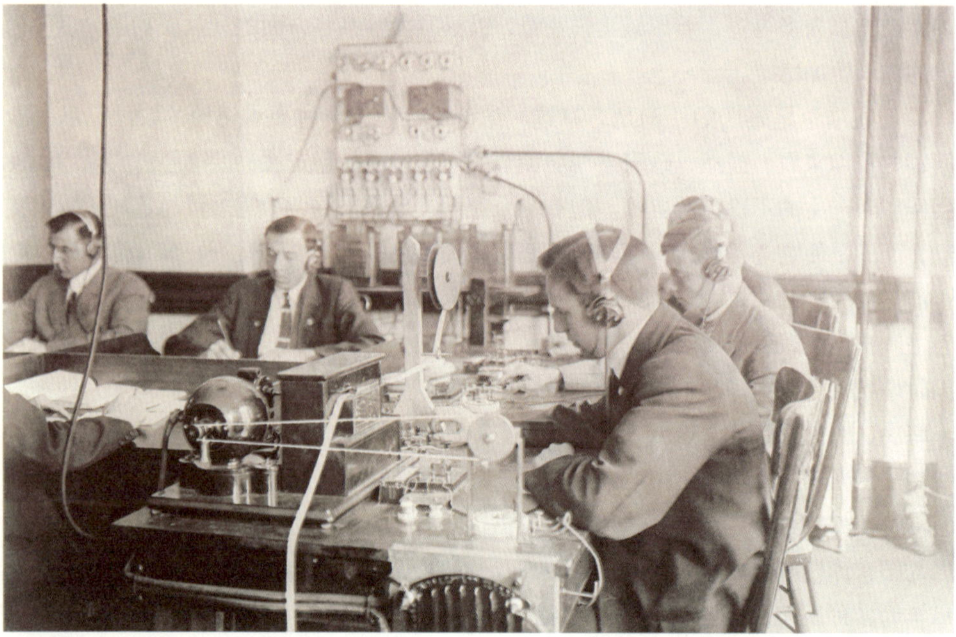

学生们在纽约市马可尼无线学校练习发电报。摄于1912年。

实生活中，任何地方都不存在完全可流动和完全不可流动的劳工，他们往往介于二者之间。而随着地点和职业的变化，流动性的精确程度也会有所差别。但通常而言，我们可以确定，在流动性大的地方产生抵消性的变动，可以减少失业量，而在流动性小的地方将增加失业量。

例如，一个市属企业若雇佣与市区内同类型的私营企业相差无几的人数，而它的劳工需求量和私营企业的需求量做相反方向的变化，就必然会减少失业量。但是，如果政府部门让国家森林部门雇佣的劳动力和城市产业雇佣的工匠和技工呈相反方向变动的话，就极可能增加失业量。需要补充的是，由于抵消性变动而受害的地方，当劳工流动性增强后，在目前的情况下反而会受益。对于济贫法少数党的政策及其一切实际应用，有人曾提出支持的理由。在劳工介绍所和其他促进流动性的机构愈发达有效的地方，这种理由就愈坚强有力。

我们以上只对某些形式的调节法进行了阐述。无论在生产还是消费方面采用时，对于失业问题影响的性质，这些办法只在某一方面值得怀疑。但是，我们还需讨论另外一种更加复杂的调节方式——已批准的超时工作的法律限制，我们无法像现在这样肯定地描述其效果。

初看起来，这种限制无论如何都是可以减少失业量的——除生产不耐久商品的工业外。然而，在繁荣时期若限制超时工作，是否会间接在萧条时期增加存货的制造呢？是否会使消费者因为对将来的需求有所预计而增购呢？对于后一点，来自皇家济贫法委员会少数党报告中的一段话做了清楚的说明："对劳动者工作时间进行合法限制的手段使消费者压力的变化不那么极端。如果私有工厂主确定了棉纺工人的工作时间之后，棉纺工艺和纺织就是极端的季节性交易的例子；制造业无法拒绝消费者对迅速发货的坚持。但法律若已规定了最大工时，那么购买者就会使自己的需求更加规律化。伦敦的裁缝在每天规定的最大工时以外再工作的举动若被绝对禁止，那么无疑会减轻伦敦成衣业极不规律的季节变动。消费者就无法要求在不合理的短期内交货。"[1]这还不是全部的情况。

对同一工业的工厂，极端兴盛的需求不会同时发生，因此超时工作被法律限制后，其他厂商就可承制特别繁忙的厂商中的一部分订货，以应付激增的需求。换言之，通过这种方式，某一典型代表厂的劳工需求量相比于公众订货造成的情形会更稳定。

以上是对限制超时工作可以减少失业理由的阐述。与此相反，我们必须提出一个极重大的反面理由。限制超时工作不仅仅会导致上述各种反应发生，为了吸引更多工人，有关工业的企业主故意提高工资率，也是其导致的一种反应。以往，为应付营业繁荣时期，他们大可通过使用超时工作的方法，但现在不得不增加工人，以应对此种限制。可是，这意味着增加萧条时期的失业人数，所以整体的失业人数也会增加。在某种情形下，限制工时所减少的失业人数会超过这种影响，但在另一些情形下，那些因素导致的减少的失业人数又会被它超过。各个不同工业部门之间需求量的变动会由于劳工流动性愈完整而抵消得愈多，这时就更有可能减少总失业量。

依据这种分析，会产生一个政治问题：政府当局是否应当采用本章讨论的减少失业的调节法中的一种？政府显然不能对该问题做一般的答复，只有衡量一下采用这种方法可能造成的社会损失，和在某种特殊情形下减少失业后的获益才能决定。至于使本质上容易发生变动的公共需要变得稳定，和使偶发的公共需要和私人需求相互配合等，在这些方面无疑是能进行有利的投资的。若要调节的工业的生产耐用商品的工业，情形尤其如此。这是因为，为满足将来增长的需求而在需求很低时制造可储存的商品造成的浪费，显然要比制造必须立即消费的商品少很多。

---

① 参看《皇家济贫法委员会少数党报告》第1185页注脚。

1932年12月，饥饿的游行者在华盛顿特区外吃早餐。

至于故意使政府当局的需求发生变动，以便抵消私人需求量的变动的政策，以及用法律限制超时工作的政策，就更加值得怀疑了。除了上述理由，后一政策还可获得一个强有力的支持理由：健康会因催逼过紧的超时工作而受到威胁，同时会干涉受影响的工人的私生活。因此，从某种观点来看，经济上的弱者会因法律限制超时工作而受到保护，使其不受伤害性的剥削。

第十二章

失业在工人中的分布

我们在以上八章中讨论的失业问题，根据第三章末尾一段所提出的程序来看，只是繁荣时期和萧条时期的平均失业量。若其他条件不变，与失业问题相关联的全部社会流弊将随着失业量的大小变化而出现增减变化。因此，我们研究了什么是决定平均失业量的原因，并且力求说明若减少失业量可采用何种方法。现在已经讨论完这一部分，但另一部分问题还有待讨论。

正如第三章所指明的那样，失业量部分决定了任何时期失业问题所引起的社会流弊的大小，但它不能完全决定。在任何时期，失业量在工人中的分布以及社会对失业后果防御措施的不同，都会使失业量引起的社会流弊有所变化。因此，我们将在本章和后面的两章中假定已知平均失业量，然后在这些条件下集中讨论，有哪些重要的因素可以限制和控制失业所引起的流弊。在不同的工资劳动者之间失业现象的分布，是本章要讨论的因素。

任何时期发生的失业量，既可能相当平均地分散在很多工人身上，又可能集中在少数工人身上。应当认识到，“集中”这一概念的含义正如在第七章中讨论的“变动性质”概念一样，也是模棱两可的。这是因为，根据某一种标准来看，某种分布让人觉得比较集中，可根据另一种同样站得住脚的标准来看，另一种分布也会显得比较集中。同时，这一困难在大多数具有实际意义的情形下并不容易被人们看出来。我们就目前的要求而言，可以大致地确定，对于主要采用解雇工人的方法应付萧条时期的工业，在相当大的程度内，失业现象将完全集中在数目有限的工人身上。每次被解雇的人几乎都是同一批效率最差的工人。但是在煤矿业和棉纺业中，失业问题广泛地存在于工人中，因为这类企业在应付萧条时期时，主要采用缩短工时或每星期减少工日的办法。从目前的观点来看，在萧条时期采用解雇人手的方法大致上等于集中失业量，而采用缩短工时的方法等于分散失业量。我们在理解了这些后，就要对择定集中失业量（即解雇法）和分散失业量（即缩短工时法）的方法进行分析。但在分析之前，我们必须讨论一种可能的复杂情况。

可能有人觉得，在某种情况下，失业量的分布状况本身就可能影响失业人数的多少。因此，我们就必须加以考察这些反应以及分布状况的直接后果。其实，这种意见的一种形式是容易处理的。

我们在第五章中曾经研究过这样一个问题，即在雇佣某一等工人的工业部门中，通过工会或其他方式人为订立高额工资将产生何种影响。我们已经说明，倘若比较固定的人掌握着所有在工资优厚的部门所能找到的工作——从这话的含义上说，等于将失业集中在该地的一切其他人身上，那些人会被赶到其他地方去找工作。初看起来，失业量在这种情形下会因集中失业而减少，但这只是骗人的假象。这是因为，失业的集中只能作为过渡到消灭失业的一个阶段，在我们所讨论的情形下只能存在一个时期。当这一情形得到调整后，失业的集中就不会——也不可能会存在于该工业部门，只会存在就业的集中，理由是根本就不存在失业了。因此，大可不必讨论这种说法。

另外，还有一种真正有关的理由。倘若任何工业部门在应付萧条时期时采用缩短工时或每星期减少工日的办法，就将发生大面积失业现象。就这种说法来讲，工人从这一工业部门向其他充分就业工业部门转移的可能性将极大地减少。这是个很重要的说法——它可被用来反对缩短工时。理由是，工人从萧条的中心向另一需要工人的中心迁移的过程将出现一定的费用。因此，对完全闲歇的人来说，迁移的利益更容易抵消迁移的费用——相比部分闲歇的人来说，这相当于诱使他们迁移。

若上述情形是普遍的，这种说法无疑是正确的。诚然，如果失业分布得很广，就可能大于集中程度更高的制度下的情形。但是人们很有理由地回答道：

第一，这些影响失业量的因素在任何情形下都可能很小；

第二，在应付萧条时，若广泛地采用缩短工时的方法，在整个工业中有组织地缩短工时的办法（兰开夏的棉纺业就是这样）就可能被采用，而不会各不相涉地在孤立的中心缩短工时，同时，在某一工业的整体与其他职业之间，很少大量地发生工人暂时的流动，因而，缩短工时不会产生什么重要的影响，即便这种流动会因它受到阻碍。

如此说来，我们虽然必须承认在某些特殊情形下，失业的分布不是集中的，而是分散的，这会使失业量增大，但这并非什么重要的情形。因此，我们便可以有把握地把它抛开，接着讨论决定集中失业和分散失业的影响因素。

这方面，有许多重要因素在前文已经提过了。因为失业产生原因的性质，在一定程度上决定了一定的失业量究竟集中在少数人身上还是分布在多数人身上。对于已经讨论过的因素，我并无意从另一个角度来重新探讨。我们不妨假定已知需求量变动性质的范围、工资率和影响流动性的条件，然后对另一些比较疏远的影响进行集中探讨。在前面我们一直没谈过这些影响，但其出现时仍然具有重大意义。只要稍加思考我们就可以看出，其中三种最为重要。

贫困的鲍厄里男子摆出姿势拍集体照，以记录当地政客蒂姆·苏利文（1862—1913）送给他们新鞋子和新袜子的慷慨之举。摄于1910年。

第一，相较于能力好的工人，被雇的能力较差的工人，每单位效能所获得的工资率往往更大——这在第五章中已经指出。这在计时工资制下更为显著，甚至在计件工资制下也是如此。这意味着，企业主在被迫减产时就会发现：若其他条件不变，最好解雇那些能力较差的人手，而切勿使能力差和能力强的人同时缩短工时。在有利于能力较差的人的级差很大的工资系统中，这种推动解雇政策的压力要大于级差较小的系统。因此，有趣的是，解雇人的办法是英国实行计时工资制的工业多半会采取的办法，缩短工时的办法则主要被实行计件工资制的煤矿和棉纺等工业采用。①

第二，但生产技术中产生了另一种与上述趋势相反的重要因素。在某些工业中，无论有多少实际工作的人，只要工厂开工，都必须支出某些重要的费用，比如从中心站供应人为照明或动力电的费用等。在这些工业中，遇有必要情况时，就会出现一种自然趋势，即不采用解雇工人的办法，而采用缩短工时或每周减少工作日的办法减产。在另一些工业中，相对于等量解雇工人，缩短工时能更有效地减少某几种费用。

① 参看《缺乏就业机会萧条现象委员会1895年第3次报告》第41页。

不过，在所有的情形下，技术因素在某种程度上对缩短工时和减少工作的影响是正面的。只是随着工业的不同，其发生的力量也不同，有时是很轻微的。

与该问题有关的除了上述两种影响以外，还有第三种影响。情形是：在某些职业中，在萧条时期来临时，企业主极不愿和熟识的工人断绝关系，其理由很明显——若将有经验的工人解雇了，再雇他们时他们可能已另有工作，或者因闲歇过久而使效率和技术水平落后。但若很容易找到同样令企业主满意的工人，这一情形就无甚影响了。然而，某一工人为某一企业工作过后，通常会对该企业主形成一种特殊的价值，这是其他同等一般效率的人所不能企及的。如此一来，若往后重新雇佣会因暂时解雇而受到阻碍，企业主就不愿解雇人手。

在某些职业中，企业主对工人性格的认识会因使用贵重原料和其他原因而成为非常重要的因素。此时，不同意解雇工人的情况就极易出现。在另一些职业中，工人熟悉工厂或工厂中个别工序的特性，也很容易出现不愿意解雇工人的情形。

某些种类的非技术工人就会有不同的情形。对某一企业主而言，他雇佣过的一个非技术工人，比起没有做过工的人并无更大的价值。码头工人显然就是这种情形。在这里，工人对工厂的任何特点都无须熟悉，装卸的船每天都不同。一个工人为某企业主工作过，但对该企业主而言经济价值并未因此增加。因此，除特别慈善的企业主以外，并无更显著的不愿解雇这种工人的情形。

整个工业方面在何地采用缩短工时的政策，在何地采用解雇的政策，取决于上述“以不同的程度发生作用，并以不同的比例互相结合”的三种影响。查普曼教授近来搜集了一批有趣的统计资料，可说明在不同的职业中，这方面的结果相差是很大的。因此，棉纺业在1908年经济萧条中减产13.7%时，采用了解雇5%的工人、缩短8.7%的工时的办法；而减产11.8%的玻璃业，采用的是解雇11%的工人、缩短不到1%的工时的办法。查普曼教授在综述其结论时写道：“当萧条发生时，纺织业似乎更能避免失业现象的发生，毛纺业的情况稍好于毛织业。鞋靴业则在政策上发生了摇摆。钢铁业、轮胎业和玻璃制品业每当贸易发生波动时就会有工人失业。”[①]这种差异意味着，或许这一问题同某一复杂现象有关，而对其性质我们还没有做充分分析。所以，我们必须谨慎地叙述。但我们可得出有理有据的结论：在萧条时期实行缩短工时的方法，因此将失业分散到很多工人身上，特别容易流行于雇佣技术工人且采用计件工资制的工业中。

上述讨论因失业现象所产生的社会流弊和失业量的分布具有一定的关系而显得特

① 参看查普曼著《兰开夏的失业问题》第54页。

用美国地图展示的最先进的交通和通信方式，印刷于1910年。

别有意义。既然如此，在结束这一章时，我们必须问一问这种关系究竟是什么。换言之，我们要问一问：就社会福利而言，较少的工人受失业现象较大程度的影响，与较多的工人受较小程度的影响有何不同？倘若现代世界实行绝对、不间断和严格的放任制度，人与人之间互不帮助，穷人也绝对无法获得救济，就很容易回答这个问题了。我们能够看出，假设一个人一无所有，而另一个人有2英镑，那么一无所有者所遭受的痛苦总量就大于两人各有1英镑的情形。如此说来，一定失业量平均分布在工人阶级中所产生的社会流弊，而当集中程度每提高一步时，社会流弊也将随之而增大。

可在现实世界中，这种情形在私人慈善机构和国家济贫法到处流行的地方就不这么简单了。例如，某一工业中有这样的情形：倘若在属于该工业的一切人身上平均分布失业，每个人的收入便不足以维持其独立的生活，这样就需要公家和私人的慈善金来补贴。但若在某些人身上集中所有的工作，而在另一些人的身上集中失业，那么自给自足的就将是前一种人，更彻底地依附在慈善家手中的无疑是后一种人。

总体上说，社会流弊在这种情形下将会因失业按上述方法集中而减少。这是不可辩驳的事情。因此，我们就能得出一个普遍的结论：如果某些等级的工人境况特别好，即便失业平均分布在他们之中，他们也能得到充足的收入，那么相比于集中失业，分散失业更好。反之，若失业平均分布在境况特别坏的那些等级的工人中，就会导致大家的收入都处于合理生活的最低水平之下，此时集中失业自然比分散失业好。在前一种情形下，有组织地缩短工时的办法若被任一工业的厂主在萧条时期采用，能减少一定量的失业所产生的流弊。在后一种情形下采用这种办法则有弊无利。

第十三章

关于失业保险

我们在本章假定已知失业量及其分布的方法，但即便如此，失业的社会流弊的大小也并非绝对肯定的，还受另一些因素的影响，在此将讨论其性质。一目了然的事情是：时期不同，工人受影响的程度将随之变化，而无论失业是更集中地分布在较少数人的身上，还是更加平均地分布在多数人身上。即便在某一个时期，全部失业量平均分布在所有的工人中，情形仍会如此。这是因为，就像上面解释的一样，也正如我们所展示的那样：需求量的总变动会随时牵动失业量（一般来说就是失业的人数）发生变化。由此导致的必然结果是，发生变动的还有受到失业影响的个人的工资收入。然而，在第三章中我们已经指明，收入的变动将引起消费的变动，而变动的消费将引起平均相等而无变化的消费所没有的流弊。该结论意味着，当已知失业量及其分布方式

正在铁轨上行走的两个流浪汉，其中一个拄着一根绑着东西的棍子，他们想找机会跳上某辆货运火车。摄于1910年。

时，消费的变动和收入的变动就会因有关人员将平均消费量做某种程度的降低后，通过某种缓冲的方式分开，这样做对他们是有利的。

简而言之，如果他们能缩减一些消费，那么当自己的消费趋于正常后，就能得到好处。这里可以得出两个结论：

第一，一定量失业的流弊会因人们稳定消费量的方法愈经济、方便而愈小；

第二，工人实际用于上述目的的资金量愈接近于充分理解自己真正利益后所要求的数量，流弊愈小。

本章的目的就是对这两个推论的实际意义进行说明。

在任何情形下，为应付随之而来的萧条时期的需要而在繁荣时期把商品储存起来，能使消费比收入更稳定。无论人们是在收入变动的压力下自己储备，还是通过对继续贷款提供利润或其他报酬，诱导其他人为他们储备，这在本质上都是一样的。工人在应付失业时的需要时，无论是直接储蓄，还是向店主借款或向当铺押款等，都是同一方法的不同形式。在这一切方法下，某些人从消费中抽出来一部分资金，并在繁荣和萧条之间这段时期储存起来，这就是问题的本质。如采用此方式将平均价值1 000镑的商品储存起来，不管怎样，消费都能因此比不储存时更加稳定。力图防止不稳定性而采用这种方式的人，等于同这1 000镑完全割断了关系。对于这笔钱，他们既不能消费，也不能为取得利润而把它投到生产物质商品的事业中去。需要和一般嗜好保持不变，而一个社会全部成员的收入又经常做相似的变动，则唯一令繁荣时期和萧条时期之间的消费比收入更加稳定的办法就是在繁荣时期储存商品。

如果我们假定某一工业中的工人的收入同时做相似的变动，而社会其他成员的收入同这种变动并无密切的联系，那么我们等于做了一个更加接近现实生活的假定情形。这些工人的困苦时期，在此情形下或许恰与其他人的顺利时期相吻合。其他处在顺利时期的人预先储存的商品不但是他们可以借用的，而且他们可以部分地借用那些人当时制成的商品，来部分地应付困苦时期。

在上述情形下，有关工人若用实际储存的1000镑商品来防范不稳定状况，只需控制1 000镑的商品就可产生同样的效果。在目前的情形下，这1 000镑中的一部分，可能是生产企业的固定厂房这类的东西。也就是说，他们不必从生产中抽出与必须从消费中抽出的1 000镑同等数目的钱数。虽然必须储存1 000镑或取得1 000镑的储蓄是他们要做的，但并不能说这1 000镑完全不能投在生产上，在有利可得的事业中投入其中的一部分也是可以的。也就是说，他们可以用比以前更少的实际费用，对不稳定的消费量获得同一防御效果。

在某些工业中，失业会绝对平均地分布在所有工人身上，在任何时期都是如此。

同时还有一些工业，为了使失业尽可能地集中在一群已知的固定人员身上，便采用优先名单排列名次的办法。

众所周知，在前一种情况下，工人甲不可能在工人乙失业时就业；而在后一种情况下，在工人乙失业时，工人甲虽然常常可能受雇，但工人甲在工人乙受雇时就不可能失业。因此在上述两种情形下，工人乙若在工人甲顺利时困苦，即使工人乙愿意承担相应的义务，通常而言，工人甲也无法取得协议去帮助他。但在实际生活中，不管在任何时期，都很少发生某工业的失业量按上述方式作绝对平均的分布，或绝对集中在一群固定的人员身上的情形，因此便有可能做出“使甲乙履行相互的义务”的安排。值得一提的是，与我们以往所讨论的方法相比，这种方法更经济。

我们要想把这件事情说得更清楚，用一个极端的情形来做例子即可。我们不妨做出这样一种假定：某种工业中的失业量是已知不变的，在任何时候都没有理由预计某一工人应当失业，而另一工人应当就业。在这种情形下，每个工人都会遭受一定的失业风险，而大家的风险都是相等的。于是，在正常情况下，在业工人每星期对失业工人的捐款救济，会使失业时期产生的个人消费变动降低到所需的任何程度。同时，无须为以这种方式取得的个人消费量的稳定支出任何费用，目前讨论的正是这个问题。因为我们无须从消费中抽出任何资金——以储存商品的方式，或将商品投入生产事业的方式。当然，任何工业的失业量在实际生活中都不会是稳定的。

实际上，即便是稳定的，我们也无法知道。我们无法在不支出费用的情况下制止消费量的变动。不过，“互助”的办法还是相当重要的，我们在上面已经说明一种极端情况。实际上，若想减少不规律的失业所产生的某些个人消费不稳定的情形，常用此法即可。当然，随着具体情形的不同，这种办法所能达到的经济效果也有差别。倘若变动是由季节和其他影响到整个工业的普遍原因产生的，那么一大部分不稳定性由于事情的本质只能用储存商品的方式——不可能有经济的办法来解决。有时候，个人工资收入是以一大群小量变动的方式发生变动的，例如，每次失业3天，就是这种情形。如此一来，只要储存极少量的商品，就能达到消费的稳定，而无须求之于互助。比起等量的失业以一小群大量变动的方式发生时的数量，其数量要小得多。

由此可见，在上述情形下，纵使采用互助的办法完全代替商品储存，也仅会取得很小的经济效果，万不可忽视这些理由。不过，对于个人在职业发生变动时稳定消费的方法而言，互助概念的发现仍是一个重大的步骤。可以使它提高，也可以使它便宜。

然而，发现互助的概念仅仅是实现这些目标的一个步骤。若不树立机构并结合储蓄办法，使它在保险计划中具体体现出来，就不会产生任何实际差别。体现这一概念

华盛顿特区，美国志愿者施粥所的失业者。

的机构在实际克服困难过程中的成效如何，决定了消费量稳定作用的大小。工人接受的防范各种失业危险的捐款和救济金，必须包括在这些办法中。只有在更加顺利的工人同意为更不顺利的工人捐出救济金时，非常可能失业的工人和非常不可能失业的工人才能提出同样的条款，并赋予同样的利益。除此之外，安排保险机构时，就应当在不同的基金中组织失业风险大小不同的工人，或者拟就适应不同工人不同情况的捐款和救济金额表。

通常，分立的基金存在于以往各工业中的职工会。职工会不会收纳完全没有工作效力的人。此外，还有规章规定，只有在一定的时期内提出捐款，否则就不能在第一次领取救济金期满后再次发给。这种办法所要解决的是次要的和技术性的困难，而不是根本性的困难。更重要的是，正如其他保险一样，在失业保险中，被保险人也会依照保险制度采取佯伪的办法或故意引起保险事件。如果不能合理地控制这种倾向，保险制度是无法实行的。因此，在特殊的劳动保险事例中，应着重研究如何防止这种倾向的产生。

失业就是在本行业的一般工资率下，工人希望找到却找不到工作。我们目前要研究的是在这一类事件中发生故意造成失业的危险或作伪的危险。非自愿的概念已包括于失业的定义中。我们的问题从某种程度上来说因此简化了。如疾病这类保险，虽然人们不大可能故意使自己生病，可这种情形依然屡见不鲜。倘使缺乏工作是失业的全部定义，这事本身尚不至于令人不快，但对于收入的影响就不言而喻了。

如果减少收入方面的影响被一种保险制度部分地抵消，人们就很可能故意失业。但由于我们对失业所下的定义中，规定只包括非自愿失去工作，因此就问题的本质而言，有人故意造成失业的情形是不可能发生的，也就不存在故意产生这种保险事件的危险，我们应集中注意关注佯伪的问题。

其实，佯伪在死亡这种保险事件上并不可能发生。而在有适当的出生登记制度的地方，老年也是不可能作伪的。假设上述定义下的失业是保险事件，那么便多了一种几乎不可能发生的佯伪形式。一个有工作的人不可能假装没工作而逃过检查。职工会经常实行一种简单的办法——领取失业救济金的人每天在正常上工的时间要填写缺额簿，英国实业保险法管理机构已经采用此法。无疑，该举措提供了一个完全可靠的保证，促使佯伪的可能变成毫无实际意义的事。可直到最近，故意失去工作而又装作非自愿失去工作的行为，还是会有迥异的情形。

为了放弃工作，人们很容易找出一个说得过去的借口，同时在找新工作上又不热心。任何人都难以证实诸如此类的躲避方式。获得任何成功的所有失业保险系统，都是通过同一工业中一同工作的工人所组成的职工会实行的。上一种原因比其他原因更能促成这种情形。这是因为，虽然防范上述佯伪很困难，但会因利益关系，使得一个人的工作同事和同伴监督他的行为，从而将这种情形出现的概率降到最低。

近年来，在工业较发达的国家，这种形式因有组织的劳工介绍所系统发展后而有了改变。以往做工作和找工作都是工人自己的事。虽然他所属的职工会可以收集消息并全力帮助他寻找工作，却不会代替他寻找工作。不过，现代劳工介绍所发展以后，它成了实际的雇佣中心，接收了找工作一事，而不仅是组成一个资料机关。因此，个别工人不会因为知道有失业救济金的存在而懒于寻找工作，因为他们已无须再自找工作了。任何人都不可能在故意放弃工作后还装作非自愿地失去工作——一个人若不接受劳工介绍所向他提供的工作，就可以说他是在故意地放弃工作。而若他没有工作是因劳工介绍所不能为他找到工作，那么在严格的意义下，他也会成为失业者。

大陆各国在对失业保险实行补贴制时，几乎普遍强调：要与某种形式的劳工介绍所联系起来。由此可见上一问题的重要性。“实际上，保险基金和公立的劳工介

作于20世纪早期的一幅漫画《三胞胎的父亲》。在这一时期及更早之前，人口的增加是一国繁荣的主要特征之一。

绍所在科隆和柏恩两地已经联合起来了。而在斯特拉斯堡、米兰和安特卫普，失业工人在‘刚恩系统’下领取政府补助金时，规定必须到劳工介绍所登记……法国对于失业救济金提出国家补贴时，规定只有能以有组织的方式为会员找到工作的工会才能申领。”[①]英国就是通过并联系国营劳工介绍所，才系统地实施了《国家保险法案》第二部。

显然，目前还不太流行劳工介绍所雇佣工人的做法。寻找工作的事情尚未充分地转移到这类机构中。在这种情形下就无法根除，甚至无法极大地减轻失业保险所导致的故意闲歇或伪装的非自愿闲歇情况的发生。以下的话是贝弗里奇先生针对现在而不是未来的情形说的。他说：“一旦通知就业的工作被社会或保险基金委员会担任，那么就不必存在减低救济金或者使领取救济金成为一种羞辱，进而驱使工人

① 《英王致议会命令》第5068条第737页。

寻找工作的做法了。”[1]应牢记另外一点，在自己所从事的主要工业中寻找工作，以及学习副业等事情都包括在寻找工作的努力中。不过，后一种努力的松懈是劳工介绍所不能防止的。我们有理由相信，在劳工介绍所发达以后，因失业保险制而造成佯伪的危害可能会减少。

以上讨论的是，互助的概念实现后，能在多大程度内以低廉的费用帮助稳定消费量。对于这一点的意义，刚才从贝弗里先生书中所引用的一段话已进行了说明。必须使佯伪的诱因在保险事件很容易作伪时减小。要做到这一点，首先必须降低失业工人的救济金，令其极大地少于他继续工作时的工资。英国有一种工人贵族，即机械工人，他们的职工会规章规定，每个入会10年以上的会员在失业的头14周中，每周可领10先令的救济金，此后的30周，每周可领7先令，若至此仍继续失业，每周就只能领6先令。而《英国国家保险法案》的强制条款规定的救济金限额是每周7先令，从失业后第一周开始发放，同时每12个月中最多只能领15周。

国家是为了防止佯伪现象，才实行了减少失业救济金的措施，可失业保险稳定消费量的效用也因此受到了限制。因为虽然可比其他情形下花更少的金钱来取得一定程度的稳定性，但无法影响到超过这一限度的稳定性。倘若一个人在失业时的消费量不低于一般消费量的1/3就能令我们感到满足，那么在达成这一目的上，保险办法只需用相当少的费用。但这种办法在我们要防止他的消费不超过1/12时便不能使用。不过这种办法会因劳工介绍所起了更大的作用而可能做出更大的事情。

这样，我们就讨论了本章一开始提出的两个推论中的第一个推论。我们曾经肯定，人们在工资收入发生变动时，稳定消费量办法的效率和经济性的不同会导致失业问题所产生的流弊的大小发生变化。现在我们已经讨论过这些办法了。

第二个推论是：工人用以促进稳定性的资金量，与他们理解本身的真正利益所要求的量愈接近，同时又有上述办法时，其流弊的后果就越小。现在，我们对于这一推论的实际含义进行讨论。倘若每一个人都是完全聪明的和自制的，那就无须讨论了。有关工人对他们自身的利益就能充分地理解，并且在支出他们的金钱时会用最好的方法。遗憾的是，无论在哪个阶级中，都相当缺乏完整的智慧和自制，工人阶级也是如此。经验证明，“今朝有酒今朝醉”是人们的一种趋向。大多数人在顺利的时候，对于可能发生的事情并不会冷静地观察并根据观察结果做出准备。出现这种问题的原因是很多人对未来的现实把握不住。这种毛病每个人都容易犯，尤以教育不良的人为甚。另一方面，人性中存在的一种本能的虚荣心理也是导致该

① 参看贝弗里奇著《论失业问题》第229页。

西班牙殖民时期的教堂正在为人们分发汤和面包

问题的原因。由于这种心理的存在，人们虽然能充分地认识到一个普通人在一个危险时期中要冒的风险是什么，但暗自以为比一般人高。无论如何，这是毫无疑问的事实。

根据丰富的经验，理查德·贝尔先生写道：“大多数工人在繁荣时期都能赚到优厚的工资。可遗憾的是，对多赚的几先令，他们非但没有好好地做打算，反倒纵情地赌博、饮酒。因此，他们稍一遇到困苦景况，就只能仰承企业主的鼻息。同时他们也必须忍受本来大可不必忍受的条件。”[①]根据这一事实，初看起来，我们就有理由认为：失业的恶果会因“在法规的约束下，使工人自我克制，将更多的钱用于稳定消费”而减少。但是我们已经看到，在一般情形下，保险是达到这一目的的最经济的工具。因此，国家鼓励个人储蓄的问题我们可暂且不提，而专门考虑鼓励保险的问题。

① 郎特里著《论赌博》第217页。

普遍来讲，可能有两种鼓励：一种是奖励，另一种是强制。两种鼓励都有不同的形式和作用程度。奖励可以只是国家拨款、提供统计资料和风险收费表，也可以是免费设立机构办理保险，使被保险者面对欺诈或无力偿付时能得到保障。此外，提供少量的金钱补贴也是一种形式。比方说，英国就有法规规定，从所得税中扣除生命保险的保险费。最后，提出大量的补助金也是一种形式（例如，在欧洲大陆一些采取所谓“刚恩制度”的地区为工会提供的失业保险补助金）。这种补助金在某些情形下竟会达到失业救济金的50%。

同理，根据强制是否有条件，强制的鼓励（若能这样说的话）也将有多种形式。它可以通过地区得以执行，也可通过行业得以执行。其范围既可以有限又可以无限。在《英国国家保险法案》中，强制建筑业和机械制造业的工人参与失业保险的办法，是这一方法最重要的事例。

综上所述，失业所带来的流弊可以通过鼓励失业保险的某些形式得以减少，这显然是有益于社会的。承认了这一点，政府对于应采用前面所说的两种形式中的哪一种，就必须做出决定了。我们在对比补贴办法和强制办法时，必须用更优越的事例而非现行的事例，以便更公正地对这一问题进行讨论。这是因为，补贴的职工会所支出的失业救济金数目决定了补贴金额，这是现行补贴事例的一个特点。在刚恩制度下，补助金占这种开支的一定比例。而《英国国家保险法案》中的某些条文也规定，国家对自愿失业保险的补助金，应占一个固定的比例，其数目限于1/6。可惜这种办法会面临两种坚决的反对。

第一种最明显的反对意见是：若其他条件相等，工人中较富有的阶层所支出的失业救济金也可能较多。因此，国家对不同阶层支付的补助数目，多少会由于这种制度而和他们的需要成反比变化。这种办法恰与社会要求相反。很明显，若能做出任何的区别，国家的补助和需要不应成反比变化，而应成正比变化。

第二种反对意见是：若其他条件不变，变动大的工业比稳定的工业所支付的失业救济金要多。因此，补助金与开支成比例会对工业界提出一笔差别优惠。其情形与国家按各工业对意外事件的赔偿来决定对全部工业界的补助费时，对危险工业提出差别优惠一样。可像这种对特殊工业提出有差别的鼓励，必然会引起经济上的浪费，随之而来的是对社会的危害。除非这些特殊工业是在一般情况下很少得到公共资源投资的产业里面特别选择出来的激励对象。因此，就这种包含差异奖励的激励方式而言，它本身就暴露出一个强烈谴责的理由。

然而，我们可以制订出一种完全能避免上述两种反对意见的补贴制度。依照德国国家补贴疾病救济金的办法，对于失业救济金的补助金，只要使失业的工人所得的救济金不少于某一最小限度，就可以根据某一保险基金所包括的人数成正比地发放。这是补助金鼓励办法的理想形式。我们不应用流行的形式对比强制鼓励办法，而应用这种形式。

可是，即便这种形式，我们也很容易看出其有两个严重的缺点。第一个缺点是，若不考虑用强制办法发放失业保险补助金，其实，在任何工业中，都只能通过职工会发放才能产生实效。然而，在所有国家中，依旧会有许多工人一般不参加职工会，即使该工业的职工会非常强大。“因此，若在补助金发放时不做区别对待，则必须制定‘强迫这些职工会准许会外不愿成为正规会员的人，在国家补贴基金方面成为会员’的规章。在丹麦和挪威很流行这种办法，但此法显然不能令人满意。因为它可能会引起相当大的摩擦，这种情形在挪威就发生了，然而强制系统就不会出现这种麻烦。”①

“效率和强制办法作为促使人们进行保险的手段来说，相差得不可以里②计”，这是补助金办法的第二个缺点。在刚恩制度下，职工会的现有保险范围虽然由于经常支出大量补助金而扩大了，可是工会保险仍然无法在不知道保险办法的工人中建立。“要求公家补贴的人，都是有高等技术和良好组织的行业中的人，这些工人多来自印刷、雪茄制造和珠宝等行业。可是在英国，主要遭受失业痛苦的非技术和半技术职业中的工人，却与刚恩制度没有发生过接触，无论任何地方都是如此。通过这种方式救济这些阶层的希望，在斯特拉斯堡方面显然已被放弃。人们认为，季节劳工唯一能获得补助的来源是年度救济工作。”③

显然，强制保险在这一方面是更为有力的工具。“的确，它并不要求普遍进行保险——正如一般人所想象的那样。这是因为，在所有有关失业的制度下，都要经过一个时期才能发放救济金。因此，在强制制度之下，往往能力太差的人是没有保障的。例如，《英国国家保险法案》规定，工人领取失业救济金的周数，不得大于他缴费周数的1/5。但显而易见的是，被强制的工人完全进行保险并不是强制办法的要求。可一般而言，相对于其他任何补助金制度，它可以更接近这一目标。诚然，依据上述理由，我们不能无保留地做出推论说，在这一问题上补助办法必然没有强制办法好。其实在这件事上，人们主观上认为哪种办法好，大致上就已确定了哪种办法好。在一个国家中，倘若人们很不欢迎国家强制办法，那么效率较差的补贴办法就会因这一事实

① 《英王致议会命令》5068条第732页。

② 路程，里程。——译者注

③ 《英王致议会命令》5068条第732页。

而居于优势地位。可实际上，并非真实地存在人们不欢迎强制办法的情形，这只是想象而已，至少在西欧各国的工人中如此。在德国、法国和英国的其他保险法形式方面都采取了某种制度，那就是将一定的国家补助同强制办法结合起来运用。强制的原则会因此足以适合人们的胃口。”①

这样看来，英国在建筑业和机械制造业中强制实行失业保险就会很有希望。因此，把同样的政策发展到其他工业中去，是我们在这方面已经取得成功的促使下很可能的举动。

① 参看庇古著《论财富与幸福》第418～419页。

第十四章

救济失业者

我们在前一章讨论人们的命运时，无形中假定的仅仅是在前后不同的时间做比较，那些可以赚得足够工资维持相当充裕生活条件的人。在繁荣时期，倘若这种人未做出准备以应对随后的萧条时期，一旦失业，他们必将陷入极严重的贫苦状况。这种危险在他们进行失业保险后能在很大程度内克服，而不必求助于他人。反之，没有失业保险的人必要时就须向他人求助。此时，补助的提出就可使他在第二次发生同类情形时得到保障，条件是：在实际可行的范围内，被补助者必须参加保险团体。

我们只有理解了这一切，才能对另一种完全不同的工人进行讨论。这类工人不但收入极少，而且有着很长的失业时期。若不把他们在繁荣时期的消费降低到社会一般认为合理的最低限度以下，在没有得到帮助的情形下，他们就不可能为困苦时期做好准备。失业保险对他们而言并非一种充分的补救办法，必须经常有更幸运的同乡救助他们。其实经常失业并非他们生活状况中的主要因素，无法在整个工作时期赚得足够维持生活的工资才是主要因素。与那些经常受雇但因工资太低而不足以维持生活的人一样，他们有着同样的困难情形。至于他们的境遇发生变化——时而毫无收入，时而收入较多，则是次要问题。从根本上说，他们并不是职业不稳定的人，而是贫民。下面各段内容，就是在这一本质问题的基础上进行讨论的。

在进行详细讨论之前，我们必须先订立一个普遍的概念：正如对因其他原因而穷困的人的救济一样，对因失业而穷困的人的救济，不能采用败坏被救济者的道德的方式。我们根据这一原则可得出结论，应当严厉谴责清浊不分的济贫院和游民习艺所。这是因为，真正在寻找职业的工人很可能会因接触流氓、罪犯而被污染。同时，我们也可以同样谴责市府救济工厂的制度。1886年，地方政府委员会发出的通报发起了这种制度，后来该制度在1905年的《失业工人法案》下得以更周详的完善。该通报和法案的意图是使一般有正规工作的工人在失业时——在特别萧条的时期失业——可以得到帮助，而免遭贫民称号的污染。

在皇家委员会前，杰拉德·贝尔佛先生为《济贫法》作证时说：“该法案所指的失业者，都是在某一地区定居的体面工人，他们一直惯于从事正规工作，可由于他们不能控制某些环境因素而暂时失业了。这些工人都很有能力，在渡过暂时的萧

由于使用了拖拉机耕作而被迫离开土地的失业的德州佃农

条时期后，他们还希望回到正规工作中去。”[1]可实际上，该法案并未做出定义，只对这一类的工人进行救济，在该法案下组织的救济委员会，其实主要是为了完全不同的另一种人安排的。借用济贫法委员的话来表述，这法案的“结果是在无限制的条件下，对偶然或长期就业不足的劳工进行大量周期的救济”。[2]

这些人中大部分是品质恶劣、工作能力极低的人。任何较高等的工人进入市立救济工厂后，就一定会因在救济工作上与这批人相接触而受到损害。工作必须是一般性的，加上纪律处分中不存在开除这一条，受雇的人将极不习惯，他们的才能也就难以被别人估计了，因此，故意偷懒的行为很难防止。由此产生的必然结果是三心二意和作弊的风气，以及“慢工”的作风。显然，这种救济工作在某种程度内经常是临时设

① 参看《皇家济贫法委员会多数党报告》第386页。

② 参看《皇家济贫法委员会多数党报告》第394页。

立的，这就加重了其败坏道德的影响。对一个人的工作态度来说，在这种条件下工作而接受救济，难以消灭的损害就很可能会发生。如果一种救济办法中存在发生这种结果的危险，就显然无法认真辩解了。

我们初步做出一般结论后，就可以把不能独立维持生活的贫民分成两大类：一类是根本无法提高到自立阶级的人，而另一类是可以提高到自立阶级的人。我们先对第一类人进行讨论。

有这样一个可悲的事实，许多工作能力太差的人不管受到何种训练，他们在经济价值上都无法得到相当的提高。比如，已过壮年的老年人，事实上无法再学习新的工作。而另一些因意外事故以及身心两方面患慢性疾病而形成残疾的人，也是如此情形。显然，让他们学习新的工作技能是没有用的。应该认为，他们的工作能力（毋宁说是缺乏工作能力）是改变不了的事情。他们在某种程度内连续地接受别人的帮助或至少经常接受帮助，是完全必要的事情，这一点我们必须承认。我们的问题是：如果由政府当局提出这种救济，应采取何种方式才最为有利（方便起见，我们只限于对政府当局的救济进行讨论）？

由于某些方面坚持流行见解，我们对这一问题的研究常常受阻。有些人主张，为避免与独立的劳工发生竞争，领取公共救济金的人不应再向私人企业主提供劳务。这种救济金总会受到这种责难，而无论其是以经常小量的形式发放的，还是因失业才偶然大量发放的。其理由是，由于受补助的工人领有补助金，就能用低廉的工价压倒他的对手，剥夺他们的就业机会，也会将一般工资率压低。这种说法对事实做了不正确的叙述。

最近的调查证明，假设两个人的区别仅在于是否领取济贫法补助金，那么他们得到的工资不会有任何区别。为皇家济贫法委员会调查“院外救济金”对工资影响的琼斯先生和威廉斯小姐，调查之后提出报告说：“我们没有找到证据来证明，接受院外救济金的工资女工有降低工资率的情形。这种工资劳动者，无一例外地是根据不领取救济金的广大女工相同的工资率找到的工作，在后一种人中，前一种人比比皆是……我们无法找到证据说明，贫民的女儿由于间接和贫民救济有关，因此就接受比他人更低的工资或得到比他人更少的收入。”[1]

可以说，若独立工作者不需要捐献什么钱以直接或间接地维持受救济的人，那么除掉上一种人的竞争，独立工作的工人也不会因此得到多少好处。可是他们以各种方式为救贫税提供了款项。因此，且不说将来他们也可能变成依赖别人的人，领取救济

① 参看《皇家济贫法委员会多数党报告》第36卷附录，第6～7页。

的人若能通过自食其力赚的大部分生活费用，对他们来说便可能有好处。而对整个社会来说，也肯定会有好处。

众所周知，某些人若只接受公立救济机关提供的工作，不管是在该机关内还是在该机关外进行这种工作，其实，这都无法使他们有效地进行工作。如果在一起工作的是一群能力低的工人，没有能力高的工人做核心带动他们，并且又工作于救济机关的名义下，那么不可能得到多少成果，甚至在可以预见的将来也同样得不到多少成果。

可是若他们分散开来，作为劳动力的一部分被私人工厂雇佣，他们在一般工业条件下就会按照自己的方式为社会服务，并赚得相当大的一部分消费资金。而从他们的工作来看，这并非他们所能得到的全部利益。在繁荣时期，如果他们被禁止出来工作，那么变动多的工业为了应对繁荣时期的需求，就必须维持较多的后备劳工。在某种制度下，若这一批人能被私人工业在需求突增的时期得到，就可以减少正常工人需求量的变动。可见，救济工作机构应当尽量少地让受救济的人退出私人工业，并在需求条件许可时立即使他们回去。

在这一问题上，有一点还应辨明。在经过训练得益不大且自己无法维持生活的贫民中，一部分人得到工作后会赚得比合理的生活资料更多的工资，但另一部分人完全做不到。一般的失业保险的组织工作问题同前一种人组织救济工作问题，有着密切的关系。

在前一章已经指出，如果受影响的工人所领取的救济金比一般的工资低很多，尤其是与国家劳工介绍所系统合作，那么并不会太促使工人故意失业现象的发生。这一理由对我们讨论的贫民而言，在救济工作机构采取国家补贴强制保险的形式时将会得到很大的利益。与直接救济相比，赤贫化的倾向不会在如此组织起来的救济中产生。另外还有一个好处：受救济的人和一般工业会因此保持接触，并立即填补出现的任何空缺。上一章提出的意见即对这一政策的主要反对意见。换言之，这就会付出差别补助金，对某些工业会产生比其他工业更大的好处。

不过，只要稍加安排救济额，使其与不同行业内部救济的低效率工人从保险基金领取款项的净值相平衡，就可以避免这种反对意见。在这种计划下，任何工业中普通工人付给低效率工人的金钱，其实是由国家偿还了。同时，引诱普通工人和效率低的工人归附某一工业而不归附另一工业的情况都不会发生。而与救济金成比例的补助金，显然无法实现这种安排。对不同工业而言，必须直接、具体地进行计算，且定期地修正适当的赠金。

上述计划，对某些断续地在报酬优厚的工业中取得工作的低效率工人是很好的。但是有一部分就业的人，收入刚够糊口，无法应用该计划，原因是无法实行工人失业

一名失业男子正在填写社会保障福利申请。约摄于1938年。

时付给他们救济金的办法。不管是以保险金的方式付给，还是以更直接的形式付给，情形都是如此。这是因为这笔钱要远远低于他们的正常工资。因此，有人说，人们会因请领救济金的希望而故意抛弃工作。然而这种说法并不成立。

实际上，在1832年的济贫法委员会中形成的中心问题，就是我们所要谈的这类人的处理问题。委员们采取的解决办法是：领取救济金的人如有工作能力，必须附带一些限制条件，其中某种形式的有纪律的工作就包括在内。对于目前讨论的有限范围内的人而言，似乎尚可使用这种解决办法。但应引起注意的是，1832年以后这类人的数量就已大大减少了。

上述两种不能自立的人，纵然受到工业训练后也不可能得到多大益处。言毕，我们就可以谈谈第二个主要阶层了。虽然在某个时候这些人不能自己维持生活，但他们也可因公众支出一笔费用进而受到训练和教育后成为一般独立的公民。对这些人实施这样的训练和教育是符合一般利益的。在某个时候，其费用无疑比偶然的救济要大些，但这不是长期的费用，仅仅是一笔临时费用。因此，即便不对“独立生活比依靠私人和公共救济的生活能多得多少非经济方面的利益”进行计算，进行这种救济往往也是有利的。

对于这一点，《英国国家保险法》中已经预估到了。该法案第100条规定，经过实验和探讨，“保险人员认为，经常失业的工人在技术和知识方面都是有缺陷的。但我们有理由相信，技术训练可能会补救这种缺陷。在商务部的某项指令下，实施训练的全部或一部分费用，可由保险人员从失业基金中付出，只要相信提供了这种训练就可以减少失业基金对这种工人开支的经费即可。”

不过，大多是年纪大的人才适用这种政策。新发明使他们的特种技术变得无用，看管自动机器的非技术工人代替了他们的工作且更加经济。另外，因意外事故或疾病而失去特殊工作能力的人，以及那些不能实际预见某种时尚潮流永久性变化的受害者，也包括其中。如果用单纯提出金钱的方式来帮助这种人，便等于放弃了真正治愈他们不幸状况的希望，同时使他们永远成了国家的年金领取者。但若教给他们一种新的技术来代替他们已经失去的工作，便无疑是一种真正的补救良方而非权宜之计了。

某些人，原本具有从事某种职业的能力，但因意外事件或不幸的命运而转到另一种职业，如果有办法将其从前一种人中区别出来，其情形也是一样的。在乡下受训练而且适于过农村生活的人，无疑应包括其中。由于向往城市繁华，他们放弃了原来的职业。对他们而言，其工作能力会因在一个农业移民区训练一年而重新产生。圣母军在哈德雷建立的农业移民区便是一个例子。但重要的是，必须从真正能从事农业的人中选出接受训练的人。可这一点往往很难做到。

根据《美国劳动局公报》最近发表的一个报告，似乎能看出欧洲大陆方面的情形：“这种农业移民区不同于贫民习艺所，通常不会接受真正失业的人（违反自己的意志而失去工作的人）。常到这里来的人大部分是到处游荡的人。通常，在寒暑激烈的季节里或是在特别困难的时候，为了不继续遭受贫困或冒险进入贫民习艺所，他们就会到这里求得隐身之所。”①在一个时期中，这种人无疑会因乡村生活所赋予的健康而居于有利地位。他们因此恢复维持独立生活的能力，却是谁也不能指望的。

最近，农业移民区的情形相当不好，但这并不能为不应进一步进行试验提供决定性的理由。但我们也不能因此提出指责，认为这种机构不能作为训练本性适于农业工作而暂时失业的人的基地。需要补充的是，采用任何上述方式提供训练和教育都符合我们第一条规则所要求的“限制”。相反，训练本身对自愿闲荡的人而言就是一种很好的限制。这种人倘若知道除非自己愿意“被提高”，否则就无法取得公共救济，那么他逃避工作的行为就能被有效地制止。这种方式至少同他被剥夺选举权以及规定他做少量的工作是同样有效的。

① 《美国劳动局公报》第76号第788页。

第十五章

结　论

广泛地说，政府部门或相关机构若做出某些保留和解释，那么所谓失业就等于“非自愿赋闲”。因此，肯定失业的人的时间损失和“缩短工时”的人的时间损失都会被记入。我们是根据这一定义进行以上讨论的。下面我将从为失业问题求得“补救方法”的观点出发，概述以上重要的结论，目的是对上述讨论做出结论。

第一，在我们讨论某些流行的错误看法后曾指出，若经济力量自由发挥作用时所得出的工资率低于任何工人要求发给的工资率（工人要求发给的工资率可人为地提高），那么，即使在完全静止的情形下，失业现象也会发生。根据这一普遍的前提，我们得出两个结论。

（1）失业会因某一职工会企图强使会员工资高于同类职业中流行的工资而引起，如果放弃这一政策，就可能在应有的范围内获得补救。

（2）实际上，基于人道主义，订立了一种最低的工资，这样当工资水平低于最低工资的时候，就没有工人被雇佣，但大量人员的产出不值这最低工资，他们的存在也是引起失业的一个原因。如果能将最低等级工人的质量提高，比如劝使工人不从事没有出路的工作及增加教育与训练的便利设施等，则在可能范围内不失为一种补救办法。后一点特别重要。

第二，实际生活状况并非静止的，这一点我们已指明。因此，单凭这个条件，即任何地方的工资率在长时期内都未人为地高于竞争条件所决定的工资率，失业现象并不能因此被规避。相反，工资率若因缺乏弹性而无法随时围绕平均数上下波动，以适应“时而在这种工作中，时而在另一种工作中发生的需求量”的变动，就必然会产生一定程度的失业现象。所以，若有办法（任何办法）在企业主和雇工互相猜疑的情形下，使得工资率更有弹性，失业量就会减少。调解委员会成立以后，尤其是当委员会为适应变化的情况自由采取按产品价格计酬法或其他不落窠臼的办法来迅速调节工资率时，另一失业现象的补救因素就会因此形成。

第三，我们已经指出，一个国家的平均失业量会因工业的劳工需求量变动范围愈广而愈大。因此，失业量可因工业变动的减少而减少。在这方面的补救办法中，我们特别提出以下几点：